MONS

Günter Fischer

Eine Italienreise 1953

Vier Freunde in einem VW-Käfer

Ein Tagebuch

MONS Verlag

Die Deutsche Nationalbibliothek verzeichnet diese Publikation in der Deutschen Nationalbibliografie; detaillierte bibliografische Daten sind im Internet über http://dnb.dnb.de abrufbar.

MONS Verlag
https://monsverlag.de

ISBN 978-3-946368-03-8

INHALT

VORWORT

Italien ist eines der Lieblingsreiseländer der Deutschen. Duftende Orangenblüten, Kunstschätze, die zahlreichen Objekte seines Kulturerbes, Sandstrände und das *dolce vita* ziehen die Reisenden an. Das ist in der mehr als 2000 Jahre währenden gemeinsamen Geschichte unserer Vorfahren nicht immer so gewesen. Es hat auch zahlreiche andere Gründe gegeben, die unsere Ahnen bewegt haben, zu einer Reise in den Süden aufzubrechen. Das römische Wort *iter* hilft mir nicht weiter. Es hat die Bedeutungen Weg, Gang, Reise, Marsch, Fahrt. Das ist dasselbe Wort für so unterschiedliche Sachen wie ein fester Weg und eine mobile Reise. Den Römern ging es um die Fortbewegung an sich.

Vor der Zeitenwende, als die Angehörigen der germanischen Stämme noch isoliert von allen Hochkulturen lebten, hatten die Römer bereits ihr Imperium rund um das Mittelmeer errichtet. Sie hatten von den besiegten Griechen deren Kulturerbe übernommen und pflegten engen Kontakt zum ägyptischen Pharaonenreich. Kunst und Kultur erlebten eine Blütezeit. Dichter wie Vergil[1], Geschichtsschreiber wie Livius[2] und Ovid[3], der Repräsentant der erotischen Dichtkunst, bestimmten das geistige Leben.

Alle Versuche der Römer, angefangen bei Gaius Julius Cäsar[4], der zweimal kurzzeitig den Rhein überquerte, über die Feldherrn Drusus[5] in der Regierungszeit des Kaisers Augustus[6], Tiberius[7] und

---

[1] Vergil (Publius Vergilius Maro) (70 v.u.Z. bis 19 v.u.Z.): römischer Dichter.
[2] Titus Livius (59 v.u.Z. bis 17 n.u.Z.): römischer Geschichtsschreiber, dessen Hauptwerk *Ab urbe condita* ist.
[3] Ovid (Publius Ovidius Naso) (43 v.u.Z. bis 17 n.u.Z.): römischer Dichter. Bekannt wurde er mit den Liebesgedichten *Amores*, sein bekanntestes Werk sind die *Metamorphoses*.
[4] Gaius Iulius Caesar (100 v.u.Z. bis 44 v.u.Z.): römischer Staatsmann und Feldherr. Er hat bereits während des neunjährigen Gallischen Krieges ab 57 v.u.Z. in den Jahren 55 v.u.Z. und 53 v.u.Z. den Rhein überquert.
[5] Nero Claudius Drusus Germanicus (38 v.u.Z. bis 9 v.u.Z.): römischer Heerführer. Seine Mutter Livia war die dritte Ehefrau des Augustus. Er unternahm ab 12 v.u.Z. weitere Anläufe, das freie Germanien (*Germania magna*) zu erobern.
[6] Augustus (Gaius Octavius) (63 v.u.Z. bis 14 n.u.Z.): der erste römische Kaiser.
[7] Tiberius Iulius Caesar Augustus (42 v.u.Z. bis 37 n.u.Z.): römischer Kaiser und Feldherr. Im Jahre 8 v.u.Z. ändern die Römer ihre Taktik. Gemäß ihrer Devise *divide et impere* (teile und herrsche) gelang es ihnen erstmals unter Tibe-

Varus[8] bis Germanicus[9], gelang es den Römern nicht, das rechtsrheinische freie Germanien (*Germania magna*) zu erobern. Die gemeinsame römisch-germanische Geschichte beginnt ziemlich genau in den Jahren der Zeitenwende. Das rechtsrheinische Germanien bleibt unabhängig, nur die Gebiete südlich der Donau und das linksrheinische Land werden besetzt. 85 wird die Provinz Niedergermanien (*Germania inferior*) und 90 die Provinz Obergermanien (*Germania superior*) gegründet.

Die Römer haben ihr Imperium mit einem gut ausgebauten Straßennetz überzogen, über das Kuriere die Anweisungen aus Rom an die Statthalter und in umgekehrter Richtung deren Berichte an den Senat in relativ kurzer Zeit übermitteln konnten. Regierungsbeamte, Soldaten und Händler nutzten die Straßen. Auch die Nutzung der Straßen von privilegierten privaten Reisenden dürfte in zentralen Bereichen des Imperiums verbreitet gewesen sein.

Bildungsreisen nach Italien, wie die sogenannte *Grand Tour*, kamen mit dem Übergang vom Mittelalter zur Renaissance in Mode. Alles, was in Europa Rang und Namen hatte, machte sich auf den beschwerlichen Weg. Albrecht Dürer[10] war (wahrscheinlich) gleich zweimal dort, 1494 bis 1495 und von 1505 bis 1507, Johann Wolfgang von Goethe[11] reiste von 1786 bis 1788 nach Ita-

---

rius, die im Rechtsrheinischen siedelnden germanischen Sugambrer zu spalten und deren Kampfkraft zu schwächen, da ein Teil des Stammes ins Linksrheinische umsiedelte.

[8] Publius Quinctilius Varus (47/46 v.u.Z. bis 9 n.u.Z.): römischer Senator und Feldherr. Im Jahre 9 v.u.Z. befanden sich die von dem Feldherrn Varus, der auch Germanien zu einer römischen Provinz machen sollte, angeführten römischen Legionen auf rechtsrheinischem Stammesgebiet. Hier wurden sie am Teutoburger Wald in einen Hinterhalt gelockt und in der unwegsamen Gegend von den unter dem Fürst der Cherusker Arminius (um 17 v.u.Z. bis um 21 n.u.Z.) kämpfenden germanischen Stämme aufgerieben.

[9] Nero Claudius Germanicus (15 v.u.Z. bis 19 n.u.Z.): römischer Feldherr. Nach einem letzten Versuch zur Herstellung der römischen Hoheit in Germanien, mit verlustreichen römischen Feldzügen gegen rechtsrheinische Stämme 14 bis 16 n.u.Z. unter Germanicus, zogen sich die Römer endgültig aus rechtsrheinischem Gebiet zurück.

[10] Albrecht Dürer (1471 bis 1528): deutscher Maler und Mathematiker.

[11] Johann Wolfgang Goethe, ab 1782 von Goethe (1749 bis 1832): deutscher Dichter und Naturwissenschaftler. Auf der Basis seiner Aufzeichnungen erschien ab 1816/17 sein Reisebericht *Italienische Reise*.

lien. Lange Reisezeiten waren damals üblich, man reiste mit der Kutsche oder zu Fuß.

Der heutige Massentourismus wurde erst möglich, nachdem am Anfang des 19. Jahrhunderts die Eisenbahn und an seinem Ende das Automobil erfunden worden waren. 1902 trat Otto Julius Bierbaum[12] mit seiner Frau in einem benzingetriebenen Kraftfahrzeug der Frankfurter Firma Adler, einem Phaeton, eine Italienreise an. Seine Tagebuchaufzeichnungen[13], in denen er seine während dieser Pionierfahrt gewonnenen Eindrücke festgehalten hat, sind wahrscheinlich der erste Text, der je von einer mit einem Automobil unternommenen Italienreise berichtet.

Als Pioniere fühlen wir uns 1953 nicht mehr. Das Automobil hat sich als Transportmittel etabliert und bietet auch Studenten die Möglichkeit, eine „Kavalierstour" nach Italien zu unternehmen. Ein Volkswagen macht's möglich.

Heutzutage kann jedermann, soweit er es sich finanziell leisten kann, als privilegierter Bürger der Europäischen Union jederzeit seine Koffer packen und in jedes Land dieser Union einreisen. Das war im Jahre 1953 noch nicht möglich. Den Schengen-Raum, der heutzutage innerhalb Europas das visafreie Reisen erlaubt, gab es damals noch nicht.

Die Tagebücher dieser Italienreise im Jahre 1953 befinden sich seit über siebzig Jahren in meiner Bibliothek. Mein Dank gilt Frau Dr. Natalie Fischer, die die Idee hatte, dieses Zeitdokument herauszugeben, und engagiert die Realisierung umgesetzt hat. – Gelegentlich der Durchsicht des alten Textes habe ich einige Korrekturen vorgenommen. Außerdem sind dem Originaltext zahlreiche Fußnoten und ein Anhang hinzugefügt. – In diesem Jahr ist Italien das Ehrengastland der Frankfurter Buchmesse. Ein geeigneter Anlass, diese Reiseerinnerungen, die immer wieder Bezug nehmen auf die gemeinsame lange Geschichte zwischen Deutschland und Italien, zu veröffentlichen.

G. F. 2024

---

[12] Otto Julius Bierbaum (1865 bis 1910): deutscher Journalist und Schriftsteller.
[13] Otto Julius Bierbaum: *Eine empfindsame Reise im Automobil* (Originaltitel: *Eine empfindsame Reise im Automobil von Berlin nach Sorrent und zurück an den Rhein, in Briefen an Freunde geschildert von Otto Julius Bierbaum*), 1903.

DAS TAGEBUCH

DER VORSPANN

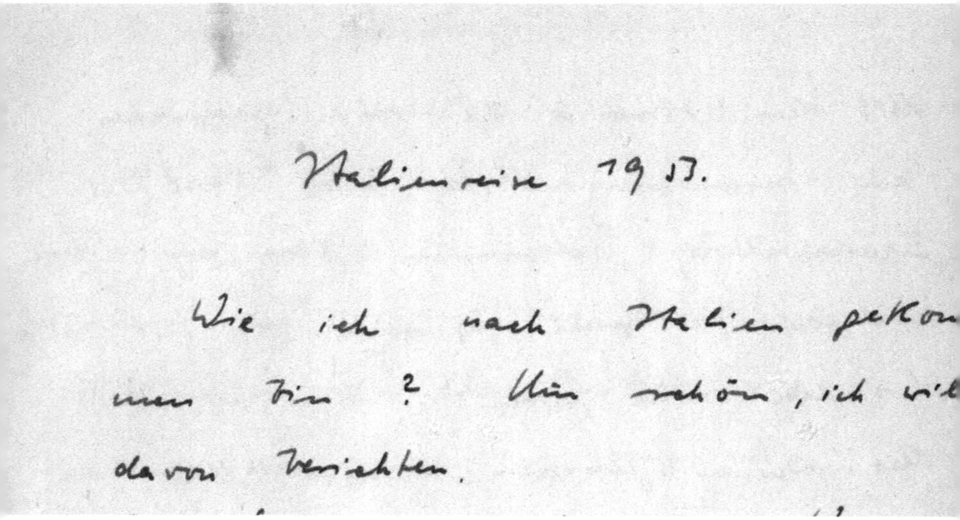

Foto 1:   Italienreise 1953, Tagebuchseite 1

Italienreise 1953.

Wie ich nach Italien gekommen bin? Nun schön, ich will davon berichten.

Die Sache war also so: Was der Eberhard war, der hatte einen Volkswagen zur Verfügung gestellt bekommen, und in diesem Auto war noch ein Plätzchen für mich frei.

Nein, so geht das nicht. Ich werde dem Reisetagebuchtext einen Vorspann voranstellen, in dem die Reiseteilnehmer vorgestellt werden und von den erforderlichen Reisevorbereitungen berichtet wird. Denn ein solches Unternehmen erforderte eine sorgfältige Planung, weil für jeden Grenzübertritt vorab ein Visum beantragt werden musste. Jedes erteilte Visum besaß nur eine zeitlich begrenzte Gültigkeit. Spätere spontane Änderungen der Reiseroute waren nicht möglich. Außerdem werden die zahlreichen Probleme angeführt, vor die sich damals alle Reisenden gestellt sahen, weil der VW-Käfer keinen Kofferraum besaß. Und schließlich das Medium, das mir als Tagebuch diente ...

Die Mitreisenden

Mein Freund und Kommilitone Rolf, mit dem ich seit einigen Semestern an der Universität Hamburg studiere, und ich stammen aus der niedersächsischen Stadt Braunschweig. Ich hatte damals das nach dem in Braunschweig geborenen Mathematiker, Physiker und Astronomen Carl Friedrich Gauß (1777–1855) benannte naturwissenschaftliche Gymnasium besucht.

Er hatte zusammen mit seinen Mitschülern Eberhard und Dieter an einem humanistischen Gymnasium, dem Martino-Katharineum, das Abitur gemacht. Ihn und seine zwei noch in Braunschweig lebenden Kumpane verband eine langjährige Freundschaft, die auch die mittlerweile zwischen ihnen bestehende räumliche Trennung überdauert hatte. Unsere Lebenswege hatten sich während unserer Schulzeit nie gekreuzt. Rolf und ich haben uns 1949 vor dem Hauptgebäude der TH Braunschweig nach der bestandenen Aufnahmeprüfung für die Studiengänge Mathematik und Aerodynamik kennengelernt.

Eberhard, der Älteste von ihnen, hatte nicht studiert, sondern einen Beruf erlernt und verfügte schon über ein kleines Einkommen. Er hatte bereits den Führerschein erworben und durfte den VW-Käfer seines Vaters benutzen. Er war derjenige, der diese Reisepläne entwickeln und realisieren konnte.

Seine beiden alten Kameraden konnte er schnell für sein Vorhaben begeistern. Warum sie für den noch freien vierten Platz niemanden aus dem Kreis ihrer Mitabiturienten gewinnen konnten oder wollten, entzieht sich meiner Kenntnis. Diesem für mich glücklichen Umstand verdankte ich die großartige Mitfahrgelegenheit. Dass zwei Angehörige dieses Quartetts mir völlig fremd waren, bereitete mir bei der Entscheidung, ob ich einsteigen sollte, keinerlei Bedenken.

Eberhard, der Wagenlenker und uns an Körperlänge Überragende, war auch der Vernünftigste und der für die Gesellschaft dank seiner Ausgeglichenheit und praktischen Veranlagung ruhende Pol. Zur Personenbeschreibung gehört unbedingt dazu, dass er blonde Haare besaß, was nicht mir, hingegen den Italienern immer besonders aufgefallen ist. Während der vierwöchigen Reise hat er sein einziges, graues Hemd nicht gewechselt.

Eine Schwäche möchte ich nicht unerwähnt lassen, eine Art Berufskrankheit der Autofahrer, die Bequemlichkeit, die unüberwindbare Abneigung gegenüber Fußmärschen aller Art. Wir haben ihn selten zu den zahlreichen Sehenswürdigkeiten und Museumsbesuchen mitschleppen können. Er blieb lieber in einem Bistro hinter einem Cappuccino hockend zurück. Da war Dieter doch aus einem anderen Holz geschnitzt. Die beiden konnten unterschiedlicher nicht sein. Er war der Jüngste in der Runde, von kleiner Statur. Auf seinem Haupt machte sich bereits eine Halbglatze breit. Er brachte allen musischen Dingen stets großes Interesse entgegen und scheute auch lange Wege nicht, um noch einen weiteren im Baedeker aufgeführten Glanzpunkt abhaken zu können. Ich habe bei ihm auch ein ausgeprägtes musikalisches Empfinden feststellen können. Leider verkümmerten alle diese guten Anlagen, weil eine Beamtenseele, die ihresgleichen sucht, in seinem Inneren hauste, die ihn und damit auch uns niemals in Ruhe ließ. Während der gesamten Reise zwang sie ihn zu einer peniblen Buchführung. Ob Brot oder Käse, Tomaten oder Olivenöl, Sardinen, Wein, Pfirsiche, Trauben, Zucker, alle Ausgaben wurden akkurat notiert und addiert. (Nachtrag: Es gab noch keine Taschenrechner und auch keine Supermärkte, deren Kassen eine Liste der gekauften Waren ausspuckten.) Hatte er diese Arbeit zum Abschluss gebracht, nahm er sich die Autokarte vor, um uns zu erklären, wo wir uns gerade befanden. Leider waren seine Angaben nie aktuell. Wenn er uns nach längerem Suchen auf der Straßenkarte endlich den Namen und die Höhe eines an der Route liegenden Berges nennen konnte, hatte das Auto diesen längst hinter sich gelassen.

Der arme Kerl war von einer quälenden Nervosität getrieben. Mal drückte ihn ein Schuh. Dann zog er ihn aus und streckte den Fuß zum Fenster hinaus. Mal zwickte ihn etwas am Gesäß. Dann schob er eine Decke darunter. Weil es ihm dadurch an seinen Kniekehlen zu warm wurde, zog er die Decke wieder weg. Wenn es ihm infolge der Fahrt bei geöffnetem Fenster zu kühl wurde, zog er seinen Nicki über, einen gerade modernen, aus samtartigem Baumwollstoff gefertigten Pullover. Bald wurde es ihm zu warm. Dann zog er ihn wieder aus. Fuhren wir mit geöffnetem Schiebedach, störten ihn die Fahrgeräusche, weshalb er es schloss. Bei geschlossenem Dach störte ihn der Zigarettenqualm, den Rolf, unser starker Raucher, wie eine Dampfmaschine ausstieß. So ging das während der gesamten Reise.

Auch die Organisation war nicht seine Stärke. Wann immer wir einen Termin für die Weiterreise verabredet hatten, war er nicht da. Wir mussten immer auf ihn warten.

Rolf, der Dritte im Bunde, strahlte Ruhe aus. Und das war auch bitter nötig. Ein weiterer Vertreter von Dieters Zuschnitt hätte das friedliche Auskommen der Gruppe ernsthaft gefährdet. Er brachte, wie alle anderen auch, jeden Morgen seine Vorschläge für die Planung des Tagesprogramms ein, versuchte aber nie, sie mit Gewalt durchzusetzen. Sein Stammplatz im Wagen war der Sitz vorne rechts neben dem Fahrer. Damit wurde ihm automatisch die Funktion des Lotsen übertragen.

Über sein Wirken beim Durchqueren der uns fremden Städte ist nichts Außergewöhnliches zu berichten. Unbedingt hervorzuheben sind seine Verdienste, die er sich um die Ausübung der morgendlichen Verrichtung erworben hat. Wir folgten seiner Anregung und nutzten nie die verdreckten sanitären Einrichtungen der Campingplätze, sondern verrichteten unsere Geschäfte, wenn immer es möglich war, weit draußen im Meer. Auf sein Äußeres gab er wenig. Seine Schuhe drohten auseinanderzufallen, als Halstuch benutzte er einen Stofffetzen, der einmal das Taschentuch eines Maurerpoliers gewesen sein mochte. Immerhin erwarb er am Hauptbahnhof in Rom eine billige Sonnenbrille mit grün getönten Gläsern, die er von da ab immer stolz auf der Nase trug, auch wenn die Sonne längst untergegangen war.

Einem von mir verfassten Bericht über mich würde vermutlich der erforderliche Abstand fehlen, deshalb habe ich auch keinen geschrieben.

Die Reisepässe

Zuerst mussten alle Reiseteilnehmer, sofern sie noch nicht im Besitz eines Reisepasses waren, sich einen solchen ausstellen lassen. Dann galt es, zwecks Erlangens der Visen mehrere Antragsformulare auszufüllen. In den Semesterferien arbeitete Rolf immer bei einer in Braunschweig ansässigen Lebensversicherung. Deshalb und weil alle Länder, die wir bereisen wollten, in Hamburg Konsulate unterhielten, wurde mir die ehrenvolle Aufgabe angetragen, sämtliche bürokratischen Aktivitäten für alle Mitreisenden vor Ort abzuwickeln. Anderenfalls hätte jeder diese einzelnen Schritte per Post erledigen müssen. Am 25. Juni 1953 fuhr ich per U-Bahn mit den vier Pässen zum französischen Konsulat zum Alsterufer 33, wo die Einreiserlaubnis bereits seit einem Jahr kostenlos erteilt wurde. Am folgenden Tag fuhr ich zu den Schweizern in die Innocentiastraße 2, die für das Stempeln eines Visums eine Gebühr von fünf Franken erhoben. Ich musste mit 15 Franken in Vorleistung gehen. Ich habe in allen Konsulaten mit Deutscher Mark bezahlen können. Im Visum wurde die jeweilige Landeswährung vermerkt. – Am 03. Juli fuhr ich zum österreichischen Konsulat auf der Alsterchaussee 7 und ließ mir die dritten Stempel in die Pässe drücken. Dafür musste ich je Pass eine Marke von 1,25 *Goldkronen* erwerben.

Weil ich noch ausreichend Zeit für die Lösung des Kofferraumproblems haben wollte, reiste ich dann nach Braunschweig und drückte die vier Pässe mitsamt den Antragsformularen vertrauensvoll dem Freund von Carola, der Tochter meiner Hamburger Wirtsleute, in die Hände. Der lieferte sie im italienischen Konsulat auf der Feldbrunnenstraße 54 ab. Bis jetzt war alles reibungslos verlaufen. Doch am Ende drohte die Beschaffung des vierten Visums beinahe zu scheitern. – Als Carolas Freund die Pässe drei Tage später im italienischen Konsulat abholen wollte, wurden sie ihm nicht ausgehändigt, weil er sich die Namen der ihm unbekannten Passinhaber nicht notiert hatte.

Was tun? Telefone gab es in Privathaushalten damals kaum. Er konnte mich nur telegrafisch erreichen. Carolas Freund begab

19

RAUM FÜR SICHTVERMERKE

14

Foto 2:   Französisches Visum

20

RAUM FÜR SICHTVERMERKE

CONSULAT GÉNÉRAL DE FRANCE
à HAMBOURG

№ ~2646   VISA de transit

(d'un jour à trois mois)

R.G. MENTON
4 30 AOUT 1953 4
13. ENTRÉE R

Nom: FISCHER

Prénoms: Günter

Visa d'entrée et de sortie

Valable pour un séjour de 2 semaines
à dater du passage de la frontière française.

Valable du _____ au _____
pour plusieurs séjours ne dépassant pas trois
mois chacun.

Motif du voyage: transit

À Hambourg, le 2 5. Juni 1953

Ce visa devient sans valeur s'il n'est pas utilisé dans
les six mois qui suivent le jour de sa délivrance.

Pr le Consul Général
Le Consul Adjoint

AFFAIRES
ÉTRANGÈRES

GRATIS

SÛRETÉ
NATIONALE

15

21

Foto 3:   Schweizer Visum

SCHWEIZERISCHE
EIDGENOSSENSCHAFT

Nr. 17092 Nr. BERN Kanton

EINREISEVISUM

gültig zur mehr-maligen

Einreise in die Schweiz

bis zum 30. Juni 1954

Zweck: Besuch / Erholung / Ferien
Studium / Geschäftlich / Stellenantritt

Gebühr: 5,—

Für das Schweiz. Konsulat in HAMBURG

adatum 26. Juni 1953

i.A. Der Vizekonsul

SUISSE
F - 2 SEP. 1953
ERLY

SERVICE CONSULAIRE
5 F
CHANCELLERIE

F 11 AUG 53

Zu beachten sind die im Inland geltenden Melde- und Anmeldevorschriften! (siehe Merkblatt)

17

RAUM FÜR SICHTVERMERKE

18

Foto 4:   Österreichisches Visum

24

RAUM FÜR SICHTVERMERKE

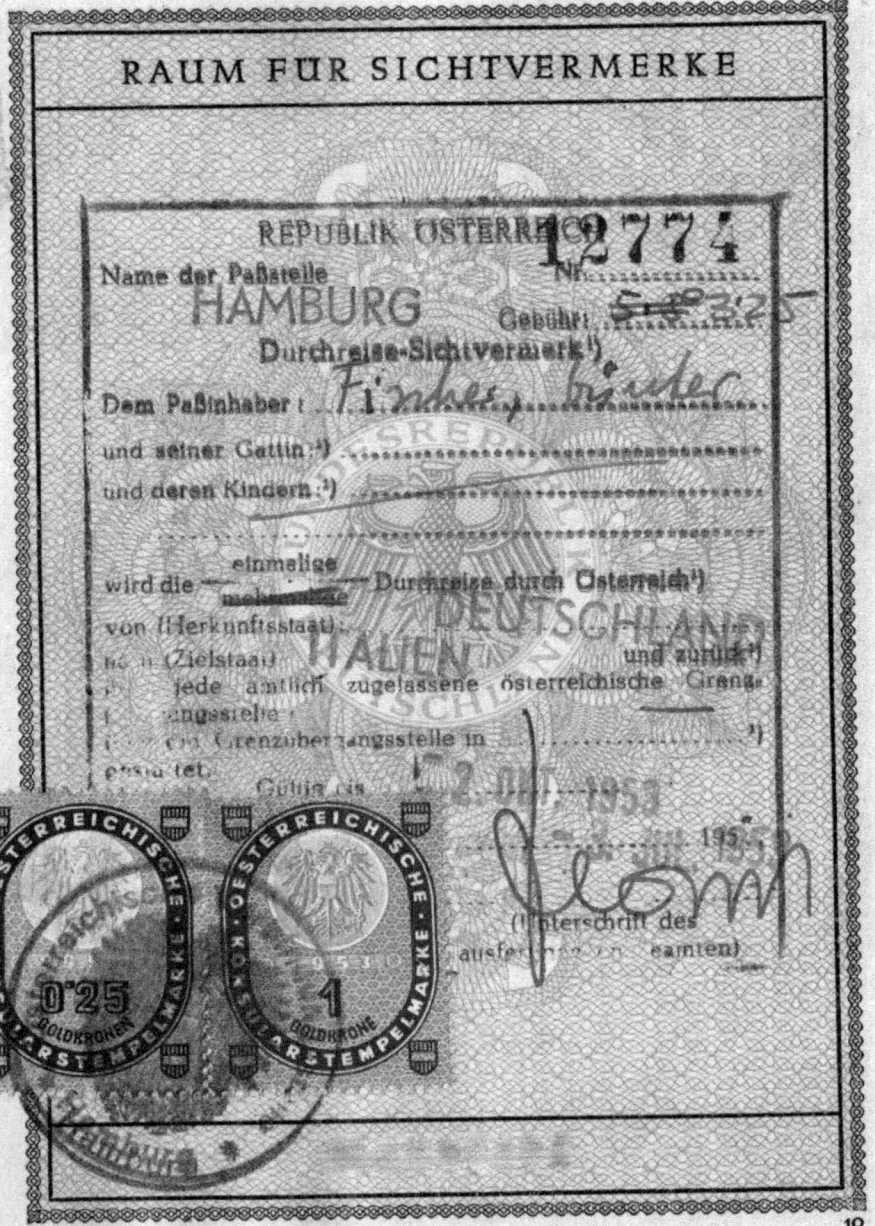

REPUBLIK ÖSTERREICH

Name der Paßstelle

HAMBURG

Durchreise-Sichtvermerk¹)

Dem Paßinhaber: *Fischer, Walter*

und seiner Gattin:¹)

und deren Kindern:¹)

wird die ~~einmalige~~ Durchreise durch Österreich¹)

von (Herkunftsstaat):

nach (Zielstaat): und zurück¹)

jede amtlich zugelassene österreichische Grenzübergangsstelle

die Grenzübergangsstelle in ¹)

erteilet.

Gültig bis

(Unterschrift des ausfertigenden Beamten)

Nr. **12774**

Gebühr:

DEUTSCHLAND

ITALIEN

25

Foto 5:   Italienisches Visum

RAUM FÜR SICHTVERMERKE

consegnate norme soggiorno stranieri

Visto N.
Valido per ingresso in Italia con
soggiorno di tre mesi

entro 6 mesi da oggi.
2680/   A 57 TC
-1. Aug. 1953
Ambasci   Il Console

Ufficio sprovvisto di marche rionsolari

PONTE S. LUIGI 30. AGO 1953 13 USCITA 13

PONTE CHIASSO 13.10.1953 21 STRADA

21

sich zum am Stephansplatz gelegenen Hamburger Hauptpostamt, wo er einem Postbeamten seinen zu sendenden Text übergab. Der tippte die kurze Nachricht auf eine Fernschreiber-Tastatur ein und sendete sie über das Telefonnetz an das Braunschweigische Hauptpostamt am Ruhfäutchenplatz. Dort wurde der Text von einem Fernschreiber auf einen kleinen querformatigen Zettel ausgedruckt, den dann ein Postbeamter per Fahrrad dem Adressaten, also mir, zustellte. Ich notierte die vier Namen auf einem kleinen Zettel und ging damit zum Braunschweigischen Hauptpostamt. Mein Telegrammtext wurde auf dem oben beschriebenen Weg nach Hamburg übertragen, wo sich wiederum ein Postbeamter auf ein Fahrrad schwang und das kleine Stück Papier Carolas Freund an seine Adresse im Stadtteil Eimsbüttel zustellte. Der konnte nun alle Pässe abholen, sie eintüten und frankiert in einen Briefkasten werfen. Die ganze Aktion war in drei Tagen erledigt, und unserem Aufbruch stand kein weiteres Hindernis im Wege.

Das Kofferraumproblem

Auch das am Anfang des vorstehenden Absatzes erwähnte Kofferraumproblem muss dem heutigen Leser erklärt werden. Das Problem war, dass der VW-Käfer über keinen Kofferraum verfügte. Im Heckteil des Wagens war der luftgekühlte Motor untergebracht. Speicherraum für einige kleinere Gepäckstücke befand sich nur hinter den Rücksitzen, vorne über dem Benzintank und unter den Sitzen. Meine Aufgabe bestand darin, unser gesamtes Gepäck in diesem winzigen verfügbaren Raum unterzubringen.

Dazu gehörten nicht nur die persönlichen Sachen der vier Reisenden, ihre Kulturbeutel (in denen sich Kamm, Seife, Zahnpasta samt -bürste usw. befanden), Anzüge, Hemden, Unterwäsche, Strümpfe und Ersatzschuhe, sondern auch eine komplette Küche. Da wir uns selbst verpflegen wollten, benötigten wir einen Brenner, Brennstoff, Kochtöpfe, Geschirr, Bestecke, einen Vorrat an Grundnahrungsmitteln und mit Braunschweiger Wurstspezialitäten gefüllte Konservendosen. Des Weiteren einiges Schuhputzzeug, eine kleine Apotheke, Autokarten, Wolldecken, Kissen, Schlafsäcke und Luftmatratzen. Sogar eine Aktentasche war dabei, in der die Pässe, Autokarten und Tagebücher aufbewahrt wurden. Nicht zu vergessen: die Bademäntel, Badehosen, Handtücher. Besonders wichtig: meine Kamera, eine Vito BL der Firma Voigtländer, ein Belichtungsmesser und einige Filmrollen. Auch Taschenlampen und etliche Rollen Klopapier waren mitzunehmen. Das sperrigste Gut war das Zelt mit seinen zwei Stangen und den Heringen.

Im schmutzigsten Stauraum, dem im Vorderteil des Wagens befindlichen Raum über dem Benzintank, wurden das Zelt mit Zubehör und die vier luftleeren Matratzen untergebracht. Die Schuhe und der andere Kleinkram verschwanden in Kartons verstaut unter den Sitzen. Blieben noch die Textilien, die verständlicherweise höhere Ansprüche an eine saubere Unterbringung stellten. Da wir keinen Koffer besaßen, der genau in den kleinen Stauraum hinter den Rücksitzen hineinpasste, habe ich als Kofferersatz einen aus Sperrholz maßgeschneiderten Behälter angefertigt, der diesen Stauraum genau ausfüllte. Damit war das logistische Problem optimal gelöst. Ich hatte aus gutem Grund für die Beladung des Wagens mehrere Tage eingeplant.

Am Sonntag, den 09. August feierte Eberhard, unser Chauffeur, seinen 24. Geburtstag, den wir noch bei ihm zu Hause feiern wollten. Deshalb legten wir die Abreise auf den folgenden Montag fest.

Das Medium

Als Tagebücher verwende ich Relikte aus einer längst untergegangenen Zeit. Es sind Alben, auf deren Einband in goldenen Lettern auf dunkelgrünem Grund das Wort Poesie geprägt ist.

Das erste Buch hat mir mein Onkel Eduard zu meinem vierten Geburtstag im Oktober 1933 geschenkt. Sein Eintrag beginnt mit der Gedichtzeile *Geh' fröhlich hin durch's blumenreiche Leben.* Der zweite und letzte Eintrag in diesem Buch stammt von meiner Oma, die anlässlich meiner Lebensweihe am 26. März 1944 ein Gedicht hineingeschrieben hat, dessen erste Zeile lautet: *Vergangen sind der Kindheit schöne Tage,* eine Feststellung, die angesichts dieses Datums die Realität nicht besser hätte beschreiben können.

Der Brauch, sich in sein Poesiealbum sowohl von den Verwandten als auch dem Freundeskreis Epigramme schreiben zu lassen, war damals schon nicht mehr zeitgemäß. Es ist bei diesen zwei Seiten geblieben. Ich habe meine Bände als Tagebücher der Italienreise zweckentfremdet.

Als drittes Tagebuch nutze ich eine normale Kladde.

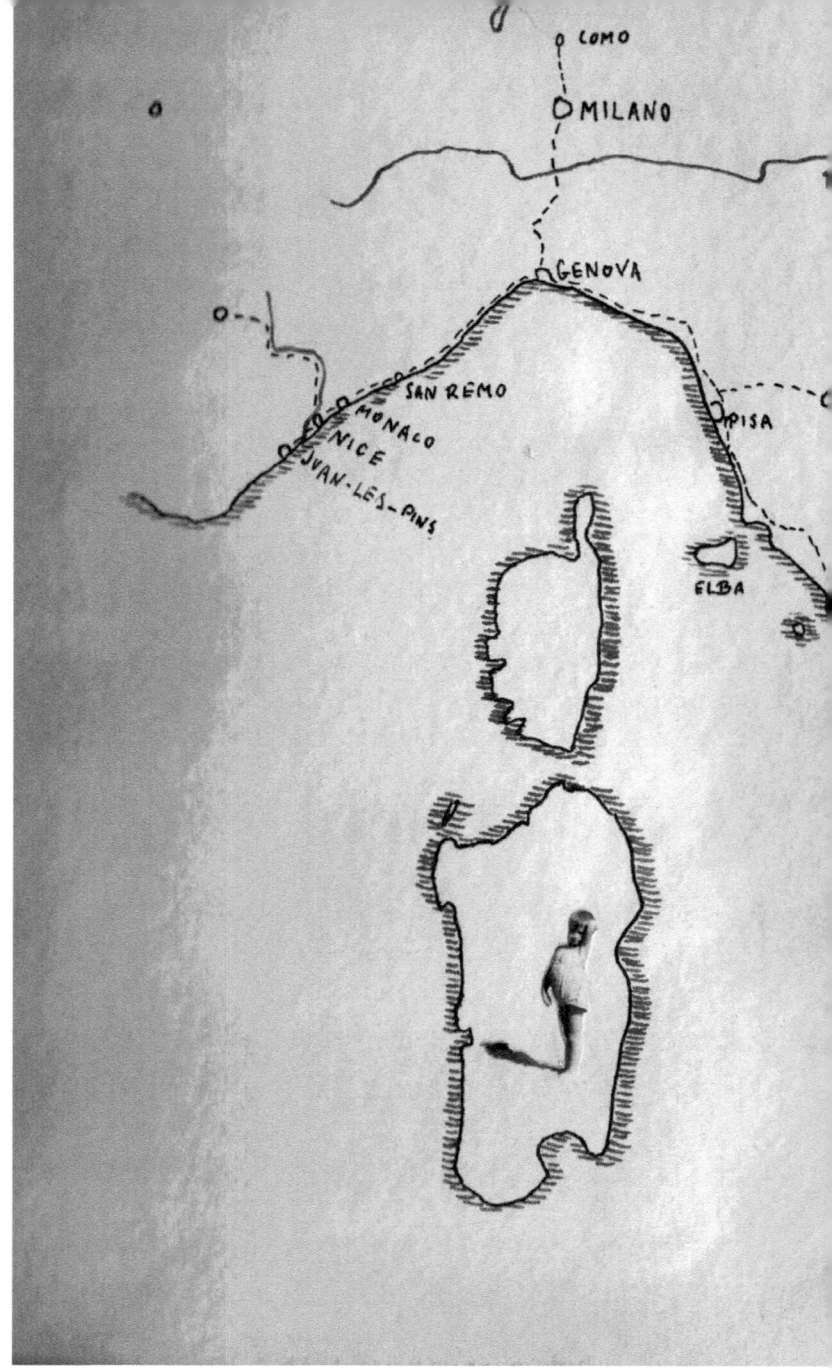

Foto 6:   Die Reiseroute und der Autor

DIE REISE

Der Aufbruch 10.VIII.1953

Schon im Morgengrauen finden sich alle pünktlich zur verabredeten Zeit in Braunschweig auf der Moltkestraße ein. Das Abschiednehmen ist kurz. Nach einem letzten Stopp an der Tankstelle Karrenführerplatz lassen wir die Stadt hinter uns. Das Wetter verspricht gut zu werden. Vor uns liegen vier Wochen der Erholung, der Zerstreuung und des Vergnügens. Entsprechend bombig ist die Stimmung.

An den Hochöfen der Stahlwerke Salzgitter vorbei führt die Straße zur Autobahnauffahrt Northeim. Das Land ringsum strahlt in hellen hochsommerlichen Farben, wie van Gogh[1] sie auf seiner Palette zu mischen pflegte. Sind wir zu früher Stunde noch allein auf der Straße, wird der Verkehr umso dichter, je höher die Sonne am Himmel steht. Zum ersten Mal seit vielen Jahren begegnen uns hier auch wieder Personenwagen aus der Ostzone Deutschlands. Es sind sehr alte Modelle, die im Westen schon lange verschwunden und auf dem Autofriedhof gelandet sind.[2]

Unsere erste Rast legen wir an der Werrabrücke ein, die nach einem mehrere Jahre währenden Wiederaufbau seit Kurzem fertiggestellt ist. Ich erinnere mich noch gut an die Belastungsprobe, der das Bauwerk unterworfen worden war. Eine große Zahl randvoll gefüllter Tanklastwagen schob sich im Schritttempo über die Fahrbahn. Die dadurch verursachte gemessene wich nur um Bruchteile von der berechneten Durchbiegung ab.

Unser Frühstück nehmen wir in einer auf einer Anhöhe gelegenen Raststätte ein. Wir trinken eine Fleischbrühe. Dann spendiert unser Dieter eine Runde Bier. Nachdem wir die Gläser geleert haben, verschwindet er zum ersten Mal.

Nachtrag: Ich habe mir nicht sogleich notiert, was er uns anschließend über die Ausstattung der Toilette zu berichten weiß. Dass er

[1] Vincent Willem van Gogh (1853 bis 1890): niederländischer Maler.
[2] Seit 1952 riegelte die DDR (Deutsche Demokratische Republik) die innerdeutsche Grenze zur Bundesrepublik Deutschland verstärkt ab, um die steigenden Fluchtzahlen einzudämmen. Am 17. Juni 1953 war es in der DDR zu einem Volksaufstand gekommen, der durch die Rote Armee niedergeschlagen worden war. In der Folge erhöhten sich die Fluchtbewegungen in den Westen.

unter einer Obsession leidet, bemerken wir erst später. Er führt immer einen Vorrat an Toilettenpapier in seiner Hosentasche mit sich für den Fall, dass auf dem stillen Örtchen keines oder zu dünnes vorhanden ist. Ist dort hingegen dreilagiges Papier vorhanden, füllt er seine eigenen Hosentaschenbestände wieder auf.

Weiter geht es durch das Hessenland. Die ersten Wagen mit italienischen Kennzeichen tauchen auf. An einem der zahlreichen Rastplätze halten wir kurz an, um uns die Beine zu vertreten. Am Wegrand lagert eine größere Menschenmenge neben einem alten DKW[3], der mit einer Panne liegen geblieben ist. Uns ist schleierhaft, wie all diese Leute in diesen kleinen Wagen hineinpassen. Wir hätten ihnen zu gern beim Einsteigen zugesehen. Aber so lange wollen wir nicht warten. Just als wir weiterfahren wollen, erscheint auf der Bildfläche ein Fiat, dem zwei Italiener entsteigen. Es sind zwei von dem Typ, die an Deutschlands Türen den Hausfrauen Stoffe minderwertiger Qualität andrehen. Was die beiden hier wollen, bleibt ungesagt. Die pannengeschädigten Rheinländer versuchen augenblicklich, ihnen in ihrem wunderschön gefärbten Redeschwall klarzumachen, dass die Polizei sie sucht. Die beiden Söhne aus dem sonnigen Süden verstehen wahrscheinlich nur „Bahnhof" und ziehen von dannen.

Unser Weg führt uns weiter ins Land der Badener. Die Bühler feiern in diesen Tagen ihr Zwetschenfest, was verbunden ist mit der Wahl einer Zwetschgenkönigin[4], die wir despektierlich Miss Pflaume nennen. Den Bühlern ist allerding nicht zum Lachen zumute. Sie stecken in einer Absatzkrise. Von Jahr zu Jahr verkaufen sie weniger Pflaumen.

Eine kurzweilige Stunde verbringen wir auf der nach Freiburg führenden Straße. Wir haben uns hinter einen großen Mercedes gehängt, der uns zwar auf den geraden Strecken entkommen kann, den wir aber in den schmalen, winkeligen Gassen der vielen Ortschaften immer wieder einholen. Auf den Rücksitzen

---

[3] DKW: Abkürzung von Dampfkraftwagen. DKW war eine deutsche Automobil- und Motorradmarke.

[4] Seit 1927 wird in Bühl eine Zwetschgenkönigin gewählt, die die Frucht repräsentiert. Im Jahre 1953 war dies Marlene Maier.

haben es sich die zwei Töchter der Familie bequem gemacht. Anfangs nehmen wir nur eine der beiden wahr, ein fröhliches, geschätzte acht Jahre altes Kind, welches uns immer, wenn wir in Sichtweite sind, mit seinem Stoffaffen etwas vorspielt. Aufmerksam geworden durch das intensive Spiel wendet die ältere Schwester ihren Kopf uns zu. Sie nimmt die Sonnenbrille ab, und wir können ein wunderschönes Gesicht erblicken. Als Eberhard ihr eine Kusshand zuwirft, dreht sie ihren Kopf demonstrativ weg und blickt nicht mehr in unsere Richtung, sooft wir den Wagen auch wieder einholen. Ihre kleine Schwester hält einen Zettel an die Heckscheibe, auf dem sie geschrieben hat, die große Schwester sei uns böse. Leider verlieren wir diese Reisebekanntschaft bei der Suche nach einem Zeltplatz aus den Augen.

Wir finden ihn am Stadtrand von Freiburg. Gleich uns ist eine große Anzahl von Autofahrern damit beschäftigt, auf einer umzäunten Wiese, die sich über einen sanft geneigten Hang erstreckt, ihre Zelte aufzubauen. Neben uns zelten drei junge Schweizer, die sich die ganze Nacht mit lautem Gesang wach zu halten versuchen. Die Nächte in Deutschland sind in dieser Jahreszeit bereits kühl, und sie befürchten offenbar zu erfrieren.

Eine etwas höhere Temperatur dürfte in dieser Nacht vermutlich in einem etwa zwanzig Meter von uns entfernt aufgebauten orangefarbenen Zelt geherrscht haben. Wir haben die beiden Insassen, eine hinreißende Blondine und ihren Begleiter, die auf einem Motorrad anreisen, bei der Anfahrt überholt. Als sie auf dem Platz eintreffen, haben wir unser Zelt bereits aufgebaut. Ihr Verehrer errichtet sein Zelt, bläst die Matratzen auf, bereitet die Abendmahlzeit, während das Mädchen mit den sehr blonden Haaren die ganze Zeit seinem Werkeln zusieht, als ob sie das gar nichts anginge. Im weiteren Verlauf des Abends haben die beiden es sich im Zelt gemütlich gemacht. Wir ergötzen uns an den Schattenrissen, die eine im Inneren hell strahlende Lampe auf die Zeltbahn wirft.

Wir beschließen diesen letzten Abend auf deutschem Boden mit einigen wärmenden Gläsern Schwarzwälder Kirsch.

In der Schweiz 11.VIII.1953

Sehr zeitig kommen wir am anderen Morgen nicht aus dem Zelt, wohl auch nicht sehr ausgeruht. Einer nach dem anderen schleicht sich zu den Sanitärzellen und versucht, seine Lebensgeister zu wecken. Ich benötige für die Morgentoilette die kürzeste Zeit, weil ich mich nicht mehr rasiere. Ich will mir einen Vollbart wachsen lassen.

Unser erstes Frühstück besteht aus mit Marmelade bestrichenen Brötchen und frischer Milch. Dann beschäftigen wir uns mit dem Einpacken. Das Zelt wird abgebaut, die Schlafsäcke und Luftmatratzen verstaut, Geschirr und Besteck gewaschen. Als wir an der deutsch-schweizerischen Grenze ankommen, ist es bereits Mittag. Wir müssen wohl ziemlich getrödelt haben.

Zu unserem großen Erstaunen interessiert sich der deutsche Zoll nicht für unser Gepäck und winkt uns durch. Der Empfang in der Schweiz ist ausgesprochen unfreundlich. Wir sind an einen grantigen eidgenössischen Beamten geraten, der Eberhard anschreit, weil der den Wagen nicht genau an der Stelle parkt, den er ihm zugewiesen hat. Dieser in eine mausgraue Uniform gekleidete Beamte hatte sich wohl noch nicht an die in Massen einfallenden teutonischen Nachbarn gewöhnt. Man kann in der Tat von einer deutschen Invasion sprechen. Wir sehen auf den in vorzüglichem Zustand befindlichen Straßen sehr viel mehr Fahrzeuge mit deutschem als einheimischen Kennzeichen.

In Basel, der ersten Großstadt, die wir auf schweizerischem Boden betreten, bricht der erste unangenehme Dissens aus. Die Teilnehmer der Reisegruppe haben sehr unterschiedliche Vorstellungen davon, was wir auf dieser „Reise" unternehmen sollten. Wir haben darüber vorher nicht gesprochen. Mit dem Ergebnis, dass der erste Tag ein voller Misserfolg wird.

Also reduzieren wir unsere Aktivitäten zunächst auf den kleinsten gemeinsamen Nenner und fahren zu einer Bank. Zwei von uns, also genau die Hälfte, hatten den Wunsch geäußert, Geld wechseln beziehungsweise einen Scheck einlösen zu wollen.

Leider hat die Bank geschlossen. Die Angestellten befinden sich noch in der Mittagspause. Warten wollen wir nicht, für die Stadt interessieren wir uns nicht. Wir fahren unverzüglich weiter in Richtung Zürich.

Nachtrag: Dass die Hälfte meiner Vorfahren mütterlicherseits aus der Schweiz stammte, wusste ich damals noch nicht. Hätte ich das damals gewusst, hätte ich vielleicht den Wunsch vorgetragen, deren Wirkungsstätten aufsuchen zu wollen. Ein solcher Reiseplan hätte den Mitreisenden sicher nicht gefallen und das Konfliktpotenzial vergrößert. So gesehen war es also gut, von diesen Ahnen damals noch nichts gewusst zu haben.

Auf halber Strecke legen wir einen Zwischenstopp ein und suchen ein Restaurant auf. Dass die Schweiz ein teures Pflaster ist, hat sich auch bis zu uns Nordlichtern herumgesprochen. Aber dass es sooo teuer ist, haben wir uns nicht vorstellen können.

Die Stadt Zürich, der der Ruf vorauseilt, sie sei eine der elegantesten Städte Europas, erreichen wir am Nachmittag. Wir parken den Wagen am Zürichsee und wollen einen kleinen Bummel unternehmen. Uneins darüber, wohin der Bummel führen und wie lange er wohl dauern sollte, verharren wir unschlüssig vor einer von Umkleidekabinen gebildeten hohen Wand, die die Damenbadeanstalt am Gestade des Zürichsees vor neugierigen Blicken schützen soll. Nur am äußeren Ende des in den See hinausragenden hölzernen Stegs können wir einige sonnenbadende Schönheiten wahrnehmen.

Trübsinnig schauen wir einer jungen Frau dabei zu, wie sie zu wiederholten Malen versucht, den Motor ihres kleinen Bootes anzuwerfen. Von uns kann sie keine Hilfe erwarten. Wir sind ja nicht einmal dazu in der Lage, unsere eigenen Probleme zu lösen. Als ein Ergebnis meiner Lagerung auf der Brüstung der Kaimauer hat sich nach einer Stunde der dort seit Jahrzehnten aufgehäufte Schmutz die Rückseite meines hellen Nickis schwarz eingefärbt. Eine einvernehmliche Einigung über die weiteren Reisepläne kann noch nicht erzielt werden. Also fahren wir erst einmal weiter.

Die Straße am Westufer des Sees führt uns weiter gen Süden. Auf den rings um den See liegenden sanft ansteigenden Hügeln befinden sich zahlreiche kleine Häuschen und mit Obstbäumen bestandene Wiesen. Die in erfrischendes Grün eingebettete Landschaft ist hübsch anzusehen, wirkt auf mich aber auch satt und selbstgefällig.

Die Landschaft ändert sich nicht, als wir zum Zuger See wechseln, und behält diesen Charakter auch am Vierwaldstätter See bei, den wir am Spätnachmittag hinter Küsnacht erreichen. Wir zelten auf einer direkt am See gelegenen Wiese, die ein Bauer zum Campingplatz ausgebaut hatte. Auch hier stellen die Deutschen das mit Abstand größte Kontingent. Heute machen wir zum zweiten Mal die Erfahrung, dass sie sich nichts zu sagen haben. Sie sind allesamt Muffel, wie wir Norddeutschen zu solchen mürrischen, kontaktscheuen Individuen zu sagen pflegen, Eigenbrötler, denen allerhöchstens ein knapper Gruß über die Lippen kommt.

Während meine drei Genossen ihre abendliche Routinearbeit verrichten, das heißt, das Zelt aufbauen und die Luftmatratzen aufblasen, mache ich mich auf die Socken, um einzukaufen. Ich hatte die undankbare Aufgabe übernommen, für das leibliche Wohl zu sorgen. Dabei bereitet mir nicht so sehr Rolf Probleme, der ein mäßiger Esser ist, als vielmehr Dieter und Eberhard, die mit einem großen Appetit gesegnet sind. Immerhin ist Eberhard mein anspruchslosester Tischgeselle, der auch eine misslungene Mahlzeit mit dem ehrlichsten Gesicht der Welt als vorzüglich bezeichnet. Nur Dieter hat an allem etwas auszusetzen.

An diesem Abend kaufe ich zum ersten Mal eine Dose *Nescafé*. Jeder nimmt einen Teelöffel von diesem Pulver und schüttet es in seine Tasse, und ich gieße kochendes Wasser darüber. Dieses Gesöff schmeckt fürchterlich. Wir versuchen, den Geschmack mit etwas Zucker zu verbessern, und erzielen einen unerwarteten Erfolg. Wir gewöhnen uns an diesen süßen Teufelstrank so sehr, dass wir von nun an mit ihm in den Morgen starten und am Abend schlafen gehen. Auch während ich diese Zeilen schreibe, steht eine Tasse neben mir.

Rolf hat übrigens sofort, nachdem das Zelt aufgebaut war, seine Badehose angezogen. Hier bietet sich die erste Gelegenheit zu einem erfrischenden Bad. Und die will er sich nicht ungenutzt entgehen lassen. Die Wassertemperatur dieser Bergseen ist aber so niedrig, dass sogar unser Badenarr erschaudert und sehr schnell aufs Trockene zurückkehrt.

Seine Badehose, das muss erwähnt werden, muss er vor Gebrauch stets einweichen, damit sie sich zusammenzieht. Im trockenen Zustand ist sie so geweitet, dass sie das nicht verbergen kann, um dessentwillen man eine Hose anzieht.

Vor dem Einbruch der Dunkelheit schreitet der Bauer über die Wiese und kassiert von jedem Gast einen Schweizer Franken. Als wir ihm bedeuten, das sei für uns viel Geld, entgegnet er, er habe uns nicht gerufen, wir könnten jederzeit wieder abreisen. Geschäftstüchtig sind die Schweizer halt. Er hat ja auch etwas investiert, damit seine Wiese so üppig grünt. Er hat sie vor Saisonbeginn intensiv mit Jauche, das ist verdünnter Kot, bespritzt.

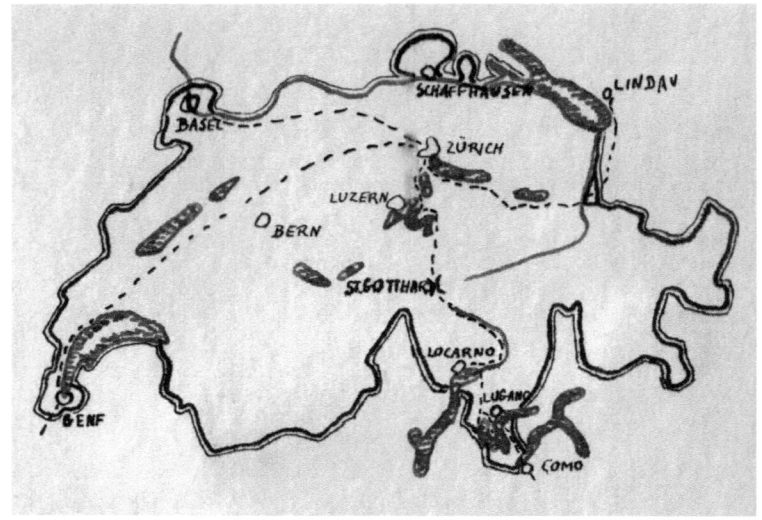

Foto 7:   Die Schweiz

Foto 8:   Ansicht Zürichsee

44

Die Überquerung der Alpen, im Tessin 12.VIII.1953

Heute steht die Überquerung des St. Gotthardmassivs bevor. Wir fahren am Ostufer des Vierwaldstätter Sees entlang und nähern uns über Altdorf, Göschenen und Andermatt dem Pass. Zu Beginn fahren wir noch durch eine reizvolle lebendige Landschaft. Doch je höher wir steigen, umso trostloser wird sie, verändert sich zu einer steinigen Wüste. Wir hatten uns eine schwindelerregende Trassenführung vorbei an furchteinflößenden Abgründen und über schmale Brücken vorgestellt. Aber die Realität ist einfach langweilig. Unser treuer Käfer meistert den Anstieg in diese zweitausend Meter hohe Region, ohne dass das Kühlwasser zu kochen beginnt. Sein Motor ist bekanntlich luftgekühlt.

Die Abfahrt am Südhang ähnelt der Auffahrt. Mein Eindruck, dass die Kehren der in Serpentinen geführten Trasse hier etwas enger sind, ist wahrscheinlich falsch. Zu sehen gibt es auch hier nur die steinerne Einöde. Noch lange kein Blick in ein schönes Tal, sondern nur auf ein Band, das sich durch das schmutzige Grau des Gesteins in Serpentinen hinabschlängelt. Es dauert und dauert, bis wir Airolo erreichen. Wir sind jetzt im Kanton Tessin. Endlich erreichen wir mediterran angehauchte Gefilde, die Menschen sprechen Italienisch. Wir erfahren, dass der italienische Anteil an der Bevölkerung abnimmt und heutzutage auch im Tessin schon viel Deutsch gesprochen wird.

Hier wollen wir entspannen und eine Mittagspause einlegen. Wir entdecken ein Ristorante und fahren, weil wir auf der schmalen Straße keinen Platz zum Parken finden, auf den hinter dem Haus liegenden Hof, der allerdings auch verdammt eng ist. Welch Anblick bietet sich unseren schönheitsdürstenden Augen. Heute früh haben wir noch den Vierwaldstätter See gesehen, haben einen hohen Pass überquert, und jetzt erblicken wir zwei blitzsaubere leicht gebräunte Busen. Wir haben zwei Dorfschöne beim Sonnenbad überrascht.

Im Wageninneren herrscht nicht nur eitel Freude. Dieter meint doch allen Ernstes, wir sollten unsere Blicke beschämt senken. Er hat dann wohl mit gesenktem Blick nicht mitbekommen, wie die beiden Frauen in ihrer ersten Verwirrung versuchen, ihre Büstenhalter anzulegen und die Kleidungsstücke zusammenzuraffen. Kurze Zeit später treten die beiden uns als Wirtin und Bedienung des von uns gewählten Restaurants entgegen.

Wir bestellen bei ihnen Spaghetti mit Sauce, ohne Fleisch. Nicht, weil wir überzeugte Veganer, sondern knapp bei Kasse sind. Der Rechnungsbetrag lässt keinen Zweifel aufkommen, dass wir den Anblick der nackten Haut, sozusagen unsere Vorspeise, teuer bezahlen müssen.

Talabwärts geht es weiter zum Großen See, dem Lago Maggiore. Wir statten Locarno eine Stippvisite ab. Das Klima ist hier bereits so milde, dass Palmen gedeihen können. Der Betrieb der Kaffeehäuser findet im Außenbereich statt. Die Gäste sitzen an kleinen runden Tischen auf dem Fußweg, und der Strom der Passanten wälzt sich unbekümmert zwischen den Gästen und den Tischen hindurch. Die Musikkapellen spielen ebenfalls im Freien auf und erfüllen den Ort mit ihrem Lärm.

Wir lassen uns vor einer Bierkneipe nahe dem See nieder und bestellen vier Helle. Um uns herum sitzen Männlein und Weiblein, überwiegend ältere Leute, die auffallend schlecht gekleidet sind. Hier in der Schweiz, in einem bekannten Kurort hätten wir das nicht erwartet. Ist Armut der Grund dafür, dass sie in abgewetzter Kleidung herumlaufen müssen, oder ist es eine dem milden Klima geschuldete Nachlässigkeit? Wir haben die Frage niemandem gestellt.

Bevor wir den Ort verlassen, in dem 1925 auf Betreiben von Stresemann[1] die Locarno-Verträge geschlossen worden waren, kaufe ich noch Spaghetti und Tomatenmark ein.

Unser nächstes Ziel ist der Luganer See. Wir erreichen seinen Nordwestzipfel und fahren dann am Ufer entlang bis an die italienische Grenze bei Ponte Tresa. Der Tag neigt sich seinem Ende

---

[1] Gustav Ernst Stresemann (1878 bis 1929): deutscher Politiker.

zu. Wir suchen einen Campingplatz. So schön die Gegend hier auch ist, einen schönen Campingplatz kann sie uns nicht bieten. Gleich uns stehen Dutzende von Landsleuten unschlüssig auf einem als Zeltplatz amtlich ausgewiesenen Steinfeld herum und fragen sich, ob sie hier nächtigen sollen. Erst als andere Touristen eintreffen und berichten, sie hätten die Nachbarschaft abgefahren und feststellen müssen, dass die dortigen Plätze in einem noch schlechteren Zustand sind, entschließen wir uns zum Bleiben.

Der Platz liegt in einer kleinen Bucht. Am Ufer steht ein hoher hölzerner Turm, von dem aus einige Stahltrossen schräg nach unten ins Wasser führen, wo sie für uns unsichtbar verankert sind. An den Stahltrossen hängt ein Behälter, ähnlich den Greifern, die jedermann bei Baggern schon gesehen hat. Dieser Greifer wird unter entsetzlichem Getöse in regelmäßigen Zeitintervallen in das Baggerloch gezogen und kurz darauf gefüllt mit Kieselsteinen wieder emporgezogen. An der Turmspitze wird der Greifer gekippt, und sein Inhalt fällt polternd nach unten, wo er sich aufhäuft. Die Maschine wird von Geisterhand bewegt, kein Mensch ist weit und breit zu sehen. Erfreulicherweise wird diese Maschine bei Eintritt der Dunkelheit abgestellt.

Doch weit gefehlt, anzunehmen, dass jetzt Ruhe eintritt. Den Gefallen tut uns unser Nachbar nicht. Die ganze Nacht wimmert und schreit dort ein kleines Kind. Und pünktlich mit dem ersten Sonnenstrahl wird die Höllenmaschine wieder angestellt. Wir verlassen fluchtartig die ungastliche Stätte. Eine Unverschämtheit, für diese Zumutung eine Platzgebühr zu erheben.

Foto 9:   Serpentinen auf der Südseite des Gotthardpasses

Foto 10:   Morcote am Luganer See

Tessin, ein verlorener Tag 13.VIII.1953

Schon die ersten Kilometer versöhnen uns mit den Störungen unserer Nachtruhe. Wir verlassen die Hauptstraße und setzen die Fahrt direkt am Ufer des Luganer Sees fort. Diese Strecke über Morcote bietet den Augen so viel Reizvolles, führt durch eine wohltuende Einsamkeit, sodass ich jedem raten möchte, hier einmal zu verweilen. Am frühen Morgen liegt die am Westrand des Zipfels liegende schmale Straße noch völlig im Schatten. Der See und die gegenüberliegende italienische Seite hingegen werden überflutet von kraftstrotzenden Sonnenstrahlen. Keine Paläste und Prunkbauten liegen an dieser schmalen Straße. Alles atmet hier Frieden. Ich will hoffen, dass keines der am Seeufer liegenden Grundstücke, von denen viele zum Verkauf angeboten werden, in die falschen Hände gerät, dass die Idylle erhalten bleibt.

Die wenigen Häuser des am südlichsten Ende der Halbinsel liegenden Fleckens Morcote drücken sich eng an den Berg, um Platz für die Straße zu schaffen. In den unter den Arkaden liegenden Geschäften wird Kunsthandwerk angeboten. Ein Maler stellt hier seine Bilder aus. Es sind Aquarelle mit den farbenfrohen Motiven des Tessins, seinen Seen, Bergen und Häusern.

Von Norden nähert sich ein kleines Schiff der Anlegestelle. Eine Schulklasse wartet seit einer Viertelstunde auf seine Ankunft. Die Mädchen sitzen artig auf weißen Bänken. Einige laufen noch schnell zu einem Verkaufswagen, um sich eine Erfrischung zu holen. Der Ort ist so klein, dass sich ein stationärer Laden nicht rentieren würde. Dieses Kaufhaus auf Rädern versorgt die Bewohner mit den Dingen des täglichen Bedarfs.

Das Schiff legt an, nimmt die wartenden Fahrgäste an Bord. Ich hocke am Ufer, beobachte im klaren Wasser das Spiel der Fische, lasse meinen Blick über den grün schimmernden Spiegel des Sees und die sich im Dunst verlierenden Berge schweifen.

Dann kehrt der Blick zurück auf leere Blechdosen und alte Kartoffelschalen, die von der rotierenden Schraube des ablegenden Schiffs zum Tanzen gebracht werden.

Ich erhebe mich, schreite hinüber zu den Arkaden und studiere die amtlichen Bekanntmachungen. Da werden einige Bürger namentlich aufgefordert, ihre diesjährigen Militärübungen zu absolvieren. Ein anderes Plakat erinnert daran, dass hier im Vorjahr Bundespräsident Heuss[1] einen Augenblick verweilte.

Neugierig inspiziere ich auch die Rückseite der wenigen Häuser. Es geht einen dunklen, engen Pfad hinauf. Der Putz fällt von den rückwärtigen Mauern. Es riecht nach Abfall. Ich lerne, dass es auch in der Schweiz Dreckecken gibt.

Nach dieser kleinen, erholsamen Pause verlassen wir den Ort und fahren auf die italienische Grenze zu. Auf dem Damm bei Melide überqueren wir den Luganer See und fahren durch bis Chiasso. Hier nimmt jene traurige Geschichte ihren Anfang, die die ohnehin angespannte Stimmung weiter verschlechtert.

Der ursprüngliche Plan von Eberhard und Dieter sah vor, von hier aus über Mailand und Turin an die französische Riviera zu fahren, dort einige Zeit zu verweilen und dann ein zweites Mal nach Italien einzureisen.

Ich mache meine Kumpane darauf aufmerksam, dass das italienische Visum nur für eine einmalige Einreise ausgestellt worden ist. Wenn wir jetzt die Grenze überschreiten und dann wie geplant zuerst die französische Riviera besuchen wollen, müssen wir Italien verlassen und kommen ein zweites Mal nicht mehr hinein. Ich dränge auf eine Änderung der Reiseroutenplanung. Rolf schlägt deshalb als einzige realistische Variante vor, die Reise in genau der umgekehrten Reihenfolge zu absolvieren. Zuerst Italien. Dann Frankreich. Die geplante Variante zuerst Frankreich, dann Italien ist nach der derzeitigen Lage nicht umzusetzen.

Dieter widerspricht der vorgeschlagenen Änderung der Reiseroute, weil sie angeblich seine gesamte Finanzierung durcheinanderbringt. Was natürlich völliger Blödsinn ist. Der eigentliche Grund ist seine Inflexibilität. Einen einmal beschlossenen Plan darf man doch nicht mal eben über den Haufen werfen. Wo käme man da hin?

[1] Theodor Heuss (1884 bis 1964): erster Bundespräsident der Bundesrepublik Deutschland von 1949 bis 1959.

Eberhard will um des lieben Friedens willen versuchen, die alte Planung beizubehalten, um Dieters Wünschen gerecht zu werden, und schlägt vor, die Instanzen zu befragen. Doch die Grenzbeamten in Chiasso sind sich ihrer Sache nicht ganz sicher. Sie können uns die gewünschte Auskunft nicht erteilen, was nicht gerade für ihre Qualifikation spricht. Die nächste Stadt, in der wir eine Antwort auf unsere Frage erhalten würden, sei Mailand, so meinen sie, die Hauptstadt der Lombardei.

Mailand. Im Gehirn von Dieter ist das jetzt nicht der Dom oder die Scala, sondern eine Behörde, von der er sich die Rettung des alten Plans verspricht.

Der Weg dorthin führt über Como, die am Südwestarm des Comer Sees gelegene Stadt. Sie besitzt einen wunderbaren Dom und ein Zentrum mit unvorstellbar engen Gassen, dessen Gewirr wir etwa zehn Minuten durchkreuzen, um dann auf die Chaussee Como-Mailand zurückzukehren. Für einen längeren Aufenthalt ist beim besten Willen keine Zeit. Mein Magen knurrt. Es ist Mittagszeit. Aber auch an ein Essen ist nicht zu denken. Eine Stunde später haben wir unser Ziel erreicht. Wir sind in Mailand angekommen.

Der Wagen wird auf dem großen Platz vor dem Dom geparkt. Wir begeben uns auf die Suche nach dem zuständigen Amt. Ein weiß eingekleideter Polizist, der eine Bank bewacht, erklärt uns in einem durch entsprechende Handbewegungen unterstützten Redeschwall, wir müssten zuerst über den Platz, dann weiter geradeaus, schließlich links abbiegen, und schon seien wir da. Die Wegbeschreibung ist gut verständlich. Wir finden das gesuchte Gebäude tatsächlich. Dass wir noch einmal nachfragen müssen und am Gebäude vorbeilaufen, sei nebenbei bemerkt.

Ein feldgrau uniformierter Italiener erklärt uns, wir seien am richtigen Ort. Doch seien wir zu früh. Es ist drei Uhr und alle Bediensteten seien noch in der Mittagspause. Vor vier Uhr sei niemand zu sprechen.

Also kehren wir zum auf dem Domplatz geparkten Auto zurück. Dank der ausgedehnten Mittagspause der Beamten finden wir jetzt die Zeit, einmal um den Dom herum zu laufen. Eberhard, dem das in der Mittagsglut zu anstrengend ist, zieht sich in die *Galleria Emanuele II.* zurück. Das ist ein zwischen 1865 und 1877 erbauter Gebäude-Komplex von mit Glas überdachten Straßen, in dem sich die vornehmsten Gaststätten und Geschäfte der Stadt befinden.

Mich erinnert das an den einst zwischen Breiter- und Gördelinger Straße in Braunschweig gelegenen Basar. Der war auch mit Glas überdacht, nur sehr viel kleiner und nicht so elegant. Er hat den Brandbombenhagel vom Oktober 1944 nicht überstanden und ist später nicht wiederaufgebaut worden.

Fünfundzwanzig Minuten vor vier Uhr treffen wir uns wieder, um nicht den Einzug der Beamten in ihre Büros zu versäumen. Im Wagen herrscht eine Temperatur von circa 40 Grad Celsius. Wir öffnen das Schiebedach und erfrischen uns auf der kurzen Fahrt zum Amtsgebäude im entstehenden Luftzug.

Die in den abgedunkelten Zimmern sitzenden Mitarbeiter sind erwacht. Im ganzen Haus summt es wie in einem Bienenkorb. Keiner der Herren beherrscht die deutsche Sprache. Einer von ihnen gibt vor, die französische Sprache zu beherrschen. In wunderbaren Nasallauten trage ich unser Anliegen vor und unterstreiche meine Rede mit Händen und Füßen, was meinem Gegenüber offenbar so gut gefällt, dass er mich die Geschichte mehrmals vortragen lässt. Mir wird die Sache zu dumm, ich fordere einen Gesprächspartner, der nicht nur zuhört, sondern auch begreift, was unser Problem ist. Meine Bitte wird umgehend erfüllt. Wir werden einen langen Flur entlanggeführt zu einem ganz besonders fähigen Vertreter. Der versteht mich, ehe ich irgendetwas gesagt habe. Er drückt jedem acht Formulare in die Hand und bedeutet uns, sie auszufüllen. Dann versieht er jedes Blatt fein säuberlich mit einigen Stempeln und empfiehlt uns, in einigen Tagen mal wieder vorbeizuschauen.

Das gefällt uns allerdings überhaupt nicht. Den Mailänder Dom kannten wir jetzt von außen. Was hält uns sonst noch nach dieser bühnenreifen Aufführung einer bürokratischen Komödie in dieser Stadt? Wir reißen dem Beamten die gestempelten Dokumente aus den Händen und vernichten sie. Der gute Mann ist erschüttert.

Für uns gibt es kein Halten mehr. Wir müssen weiter. Eberhard, durch diese Ereignisse immer noch nicht klüger geworden, kennt jetzt nur ein Ziel: die französische Grenze. Hier würden wir es ja genau erfahren, ob wir ein zweites Visum benötigen würden. Er ist schließlich der Besitzer des Autoschlüssels und kann fahren, wohin er will.

Wir fahren weiter in südlicher Richtung gen Genua. Ich nehme kaum etwas von der Umgebung wahr, die an uns vorüberrast. Vielleicht fällt mir auf, dass die Maispflanzen hier höher wachsen als in Deutschland. Das ist es auch schon. Ich bin verstimmt, stocksauer. Wir verlieren kostbare Zeit mit der Suche nach einer Antwort auf eine Frage, die sich mir nie gestellt hat.

Das letzte Drittel legen wir auf der zu Mussolinis[2] Zeiten erbauten Autostrada zurück. Sie ähnelt unseren Autobahnen nur bedingt, weil sie einspurig ist. Jeder Überholvorgang wird zu einem riskanten Manöver. Auch gibt es im ganzen Land erst wenige Kilometer, die zudem mit Schranken versehen sind, die sich nur demjenigen öffnen, der seinen Straßenzoll entrichtet. Als einziges positives Faktum ist zu erwähnen, dass diese Autostrada kreuzungsfrei ist.

Immerhin haben die Italiener es verstanden, dieser misslungenen Kopie amerikanischer und deutscher Vorbilder ein unverwechselbares eigenes Gesicht zu geben, einen bunten Rahmen. An die bescheidenen Anfänge dieses Reklame-Hypes in meinen Kindertagen kann ich mich noch gut erinnern. Damals waren an jedem Bahnhofsgebäude bunt emaillierte kleine Blechschilder mit Aufschriften wie *Mauxion*[3], *Schachenmeyr-Wolle* oder *Salamander* angebracht. Aber das ist winzig und bedeutungslos gegen das, was die Italiener an allen Straßenrändern aufstellen.

[2] Benito Mussolini (1883 bis 1945): italienischer Politiker, Führer der italienischen Faschisten von 1921 bis 1945.
[3] Mauxion: Schokoladenhandelsmarke, gegründet 1855 von dem französischen Confiseur André Mauxin in Berlin.

Das sind wahre Reklame-Monumente, das ist ein riesiger Schilderwald. *Olio Sasso* wirbt neben *Persil*, *Campari* neben *Pirelli*. *Cinzano* und *Coca-Cola* fehlen nicht. So groß, so grell wie möglich, damit die vorüberfahrenden Autofahrer nichts übersehen. *Ihr Wagen verlangt Esso! Schreiben Sie mit Olivetti[4]! Fahren Sie einen Fiat! Ihre Spaghetti nur von Gino Marco! Alle Welt nimmt Shell!* Ungeheuer ohne Ende, geformt aus Holz und Pappmaché.

Je weiter nach Süden wir vorankommen, umso stärker wird der Gegenverkehr. Wir nähern uns Genua, der bedeutendsten Hafenstadt Italiens. *La Superba* wird sie genannt. Noch versperren die letzten Ausläufer der Alpen den Blick auf die Stadt und das Meer.

Dann endlich wird uns der lang ersehnte freie Blick gewährt. Was für eine Enttäuschung! Schornsteine stoßen schmutzigen Qualm in den Himmel, düstere Fabrikgebäude haben sich kilometerweit talaufwärts in die Berge gefressen, weil an der Küste kein Platz mehr verfügbar ist. Die dreckigen Fassaden einer Industriekulisse sind der erste, entscheidende Eindruck, den wir gewinnen. Mehr bekommen wir von Genua noch nicht zu sehen, denn nicht die Stadt, sondern die französische Grenze ist unser Ziel. Als wir das Ende der Autostrada erreichen, dämmert es bereits.

Als unser Wagen sich im Schritttempo dem Autostrada-Angestellten nähert und Rolf dem Mann das Ticket zur Abrechnung aushändigt, zuckt dieser erschrocken zusammen und beginnt zu fluchen. Ihn hat ein Schlag getroffen. Und gleich ihm schüttelt Rolf seine rechte Hand, mit der er den Zettel übergeben hat, und erklärte völlig verstört, er habe einen elektrischen Schlag erlitten. Was ist geschehen? Die einfache Erklärung für dieses Phänomen ist die Aufladung mit statischer elektrischer Energie, die unser VW und seine Insassen während der Fahrt erfahren haben. Diese Energie ist eben über Rolf zu dem Italiener abgeflossen.

Nachdem Rolf die Gebühr entrichtet hat, verlassen wir die Autobahn und erledigen schnell einige Einkäufe. Dann beginnt die nervenaufreibende Fahrt auf der Küstenstraße südwestwärts.

---

[4] Olivetti (gegr. 1908): italienisches Unternehmen, das u.a. Schreib- und Rechenmaschinen herstellte. 1911 brachte es seine erste Schreibmaschine heraus und 1948 einen mit Elektromotoren angetriebenen Rechner.

Es ist inzwischen stockdunkel geworden. Der Verkehr ist zwar nicht mehr so dicht wie tagsüber, stellt aber immer noch höchste Ansprüche an das Reaktionsvermögen aller Fahrer. In beiden Richtungen rasen Wagenreihen aneinander vorbei. Einige der temperamentvollen Südländer kämpfen unentwegt sportlich um ihre Position in dieser Reihe. Sobald sich eine kleine Lücke auf der Gegenfahrbahn auftut, leiten sie das Überholmanöver ein, sausen triumphierend an ein, zwei Vordermännern vorbei und hoffen dann, dass die soeben Überholten ihnen Platz einräumen, damit sie sich wieder in ihre Reihe einordnen können, bevor es zu einem Frontalzusammenstoß kommt.

Wir Greenhorns kommen aus dem Staunen nicht heraus. Dieses kindische Treiben macht keinerlei Sinn. Diese Leute kommen nicht eine Minute früher nach Hause als die weniger sportlich ambitionierten Teilnehmer dieses riskanten Spiels. Man kann es nicht beschreiben, man muss es gesehen haben, wie diese Irren sich mit ihren Topolinos[5] in die kleinsten Zwischenräume werfen. Als wichtiges Hilfsmittel zur Durchsetzung ihres Dominanzverhaltens steht ihnen die Hupe zur Verfügung, die mit dem Gaspedal gekoppelt zu sein scheint. Erst wenn das Auto steht, verstummt dieses Folterinstrument.

Uns wird auf der Küstenstraße ein wahres Hupkonzert geboten. Die Pkws der Einheimischen spielen über die gesamte Länge des Stückes *forte*. Die Autobusse brummen in einer tiefen Stimmlage ihr *forte fortissimo*, welches von den Lkws mit ihren Dreiklanghörnern noch übertönt wird. Der mitteleuropäische Klangkörper ist selten und nur *piano* zu hören. Deren Fahrer steigern ihre Lautstärke nur kurzzeitig, wenn eine schwierige Passage sie erregt. Danach verstummt ihre Hupe, und sie kommen sich wie ertappte Sünder vor.

Ich versuche mir vorzustellen, wie der Verkehr auf dieser sehr schmalen Straße zur Hauptverkehrszeit wohl abläuft.

Wir fahren durch die zahlreichen Dörfer und Städte, die an dieser Küstenstraße zwischen Genua und der französischen Grenze wie

---

[5] Fiat 500 (genannt Topolino): Kleinwagen von Fiat, hergestellt von 1936 bis 1955 in unterschiedlichen Versionen mit ungefähr 500.000 Exemplaren.

Perlen auf einer Schnur gereiht sind. In allen diesen Orten wird bis spät in die Nacht hinein musiziert. Aus den längs der Promenade installierten Lautsprechern – fast die ganze Küstenstraße ist eine einzige Promenade – erklingen italienische Schnulzen. Das Publikum sind Töchter des Landes. Mädchen aus Ligurien, der Lombardei, dem Piemont, vielleicht auch aus Latium. Sie flanieren allabendlich auf den mit bunten Lampen geschmückten Straßen und blicken etwas neidisch den in den Autos sitzenden Leuten hinterher, die in der Ferne dem Glück und der Zufriedenheit nachjagen. Und die in ihren Autos eingesperrten Fremden? Die beneiden die Mädchen um die Sonne, das Meer, um die Küche, das Klima und das *dolce vita* dieses Landes.

Irgendwo zwischen Savona und Imperia halten wir an. Uns umgibt eine stockfinstere Nacht. Wir haben zu unserer Linken im Scheinwerferkegel zwischen einigen Kakteen Zelte erspäht. Wir haben Dusel und einen Treffer gelandet. Es ist sehr schwierig, hier einen Zeltplatz zu errichten, weil zwischen der Straße und der Küste dafür kaum Raum vorhanden ist. An dieser Stelle schmiegt sich die Straße circa 15 Meter über dem Meeresspiegel an den Fels und bietet einen vier Meter breiten Raum für ein paar Zelte. Am Rand des winzigen Plateaus geht's steil abwärts. Unten plätschert das Meer, das wir in der Dunkelheit allerdings nicht sehen können.

Während wir unser Abendbrot verzehren, lassen wie die aus der nahen Ortschaft zu uns herübergetragenen Schallwellen in unseren Gehörgang rinnen. Die vom Meeresrauschen untermalte Schmalzmusik lässt sich gut ertragen.

Der Befreiungsschlag, Ligurien 14.VIII.1953

Der heutige Tag ist ein Freitag. Wir sind am 13ten knapp vorbeigeschrammt. Entsprechend durchwachsen fällt die Lagebeurteilung im Licht der aufgehenden Sonne aus. Ein bisschen Glück hat uns diesen Platz gestern finden lassen. Entsetzen überkommt uns heute beim Anblick unseres Schlafplatzes. Wir haben die Nacht auf einem vermüllten Zeltplatz verbracht. Ein Italienreisender tut wohl gut daran, sich an Schmutz zu gewöhnen. Ein Sprung ins Meer ersetzt die Morgentoilette. Von irgendwo her besorge ich Wasser zum Aufbrühen des Kaffees. Dann weg von diesem traurigen Ort, so schnell wie möglich.

Unser heutiges Ziel ist die französische Grenze, wo wir die noch offene Visafrage endgültig klären wollen. Auf dem Weg nach Ventimiglia machen wir Bekanntschaft mit einer Besonderheit dieser Trassenführung. Parallel zur Straße schlängeln sich die Eisenbahnschienen durch das Gelände. Mal links, mal rechts von ihr. Wann immer die Eisenbahn von der einen auf die andere Seite wechselt, muss sie die Autostraße kreuzen. Hier liegt der wunde Punkt dieser wichtigen Verkehrsader. Jedes Mal, wenn sich die Schranken schließen, staut sich binnen wenigen Minuten in beiden Richtungen eine kilometerlange Schlange. Fluchend darauf warten, dass sich die Schranken heben. Langsam anfahren. Bevor man die Kreuzung erreicht, haben sich die Schranken schon wieder gesenkt. Erneut warten und fluchen und sich mit dem Anblick der Brückenkonstruktionen oben in den Bergen trösten. Hier wird an einer kreuzungsfreien Trassenführung gearbeitet. Die Franzosen sind den Italienern um mehrere Nasenlängen voraus. An der französischen Riviera existieren bereits drei in verschiedenen Höhen parallel geführte *corniches*.

San Remo begrüßt uns auf eine ganz besondere Weise. Auf beiden Seiten der Straße haben sich in großer Zahl Blumenverkäufer aufgestellt. Jeder hat neben sich einen Korb voller prächtiger, bunter Blumensträuße stehen. Sie werfen sich den entgegenkommenden Autos fast vor die Räder, halten zwei der roten oder weißen Sträuße den Insassen vor die Nase und hoffen, möglichst viele davon an den Mann oder die Frau zu bringen. Manch einer hält an und kauft einen Strauß. Uns vier Junggesellen kann das Angebot allerdings nicht locken. Wenn die Händler statt der Blumen die Chiantiflaschen geschwenkt hätten, hätten wir vielleicht zugeschlagen.

Die Küste in diesem Teil Liguriens bietet unseren Augen ein weniger dramatisches Bild. Das Gebirge hat sich ins Landesinnere zurückgezogen und lässt zwischen sich und dem Meer einen breiten Streifen ebenen Landes, auf dem Reben, Olivenbäume und allerlei andere Pflanzen wachsen.

Zur Mittagszeit sind wir endlich in Ventimiglia angekommen. Eberhard hält an einer Tankstelle nahe der Grenze, und ein Tankwart füllt an einer Zapfsäule den fast leeren Tank wieder voll.

Ich mache mich unbegleitet mit den vier Pässen auf den Weg zu den italienischen Grenzbeamten, um die Visafrage endgültig zu klären. Die Frage, warum keiner meiner drei Kumpane mich begleitet, lässt sich vielleicht damit beantworten, dass keiner von ihnen die französische noch die italienische Sprache beherrscht. Der ganze Aberwitz der Situation wird so schlagartig offenbar. Selbst wenn die Beamten erklären würden, der zweimalige Grenzübertritt wäre mit einem Einmal-Visum möglich, könnte ich den drei an der Tankstelle wartenden Knaben ungestraft vorlügen, dass es nicht möglich ist. Oder haben sie sich bereits damit abgefunden, dass die Reiseroute geändert werden muss? Warum dann diese vier verlorenen Tage? Die Rückfahrt über die völlig verstopfte Straße nach Genua steht uns ja noch bevor.

Das Gespräch mit dem italienischen Beamten verläuft in einer entspannten Atmosphäre. Wir verstehen uns auf Anhieb. Er spricht leidlich Französisch und begreift sogleich die Thematik meines Anliegens. Seine Antwort kommt ohne langes Zögern und lautet präzis: „Ihre Visen sind nur gültig für eine einmalige Ein- und Ausreise. Wenn Sie jetzt italienischen Boden verlassen, lassen wir Sie ein zweites Mal nicht hinein. Sie müssten ein zweites Visum beantragen. In Ihren Anträgen haben Sie sich aber verpflichtet, solches im Ausland nicht zu tun." – Alles klar! Vielen Dank, Signore.

Na, meine Herren. Was sagt ihr nun? Die ganze Abteilung kehrt. Man ist ein wenig zerknirscht und ist sich einig, dass es so nicht weitergehen kann. Es wird beschlossen, diese Hetzjagd mit einem Mittagsmahl zu beenden. Mit vollem Magen lassen sich Friedensverhandlungen zügiger führen. Die beiden Kalle (Eberhard und Dieter), die uns den Schlamassel eingebrockt haben, bestellen *carne*. Rolf wählt Spaghetti *al burro*, ich Spaghetti *al pomodoro*. Als Getränke gibt es *vino* und *limonata*.

In San Remo legen wir einen kurzen Stopp ein. Eberhard und Dieter kaufen neue Ansichtskarten und stocken ihre Vorräte auf. Sie haben beschlossen, jeden Tag einen Kartengruß in die Heimat zu versenden. Eberhard ersteht außerdem noch ein Tauchgerät, das aus einer mit Fensterglas versehenen Gummihaube besteht, die man sich wie eine Gasmaske über den Kopf zieht. (Bis 1945 verfügte jeder deutsche Haushalt über mehrere Gasmasken. Für ältere Generationen ist das ein anschaulicher Vergleich.) Aus der Gummihaube ragt oben eine Luftröhre, auch Schnorchel genannt, heraus, durch welche der Taucher mit Sauerstoff versorgt wird. Gerät der Kopf zu tief unter die Wasseroberfläche, sperrt ein einfacher Verschluss die Atemöffnung. In die Ohren steckt man sich kleine Gummipfropfen.

Als Eberhard mit dieser Ausrüstung ankommt, lachen wir ihn aus. Irgendwie kommt uns das komisch vor. Doch werden wir schnell eines Besseren belehrt. Jeder kann sich das Utensil bei ihm ausleihen und findet Gefallen an ihm, erschließt sich doch allen eine neue Welt.

Der Neustart unserer Reise beginnt in Cervo. Einige Hundert Meter vor dem Ort entdecken wie einen direkt am Meer liegenden Zeltplatz, an dessen Rand einige schattenspendende Palmen und Pinien stehen. Diese Bäume wirken einladend, fordern uns geradezu zum Verweilen auf.

Der Platz ist unterteilt in zwei rechteckige Flächen, die mit sauberem, weißem Sand bedeckt sind. Die aus Rohr und Draht bestehende Umfriedung bietet verschiedenen Pflanzen Halt zum Klettern. Die Umfriedung eines der beiden Rechtecke ist bereits dicht zugewachsen. Dieses Rechteck ist mit zehn geparkten Autos und ebenso vielen Zelten voll belegt. Wir müssen uns notgedrungen auf dem zweiten Rechteck niederlassen, dessen Einfriedung noch nicht ganz so hochgewachsen ist. Immerhin trennt uns eine als Windschutz dienende hohe Hecke vom Meer, das nur zehn Meter entfernt das steinige Ufer überflutet. Ja, das ist der einzige Mangel. An der ganzen Riviera gibt es, von wenigen Ausnahmen abgesehen, nirgends Sandstrände.

An einem der beiden rechtwinklig zum Ufer liegenden Rändern des Platzes befinden sich ein Imbiss und ein Kiosk, wo die Camper kleinere Mahlzeiten wie Spiegeleier, Bratkartoffeln und Tomatensalat zu sich nehmen und Milch, Wein, Brötchen kaufen können.

Am gegenüberliegenden Rand liegen, durch ein paar farblose Rabatte getrennt von den anderen Bereichen, die sanitären Anlagen. Von unserem Lagerplatz aus können wir diesen Teil des Platzes mit den Hütten, in denen sich die Waschräume und Toiletten befinden, uneingeschränkt einsehen.

Die in unserem Rechteck zeltenden Nachbarn sind wie immer fast ausschließlich Landsleute. Die eigenbrötlerischen Deutschen bleiben unter sich und benehmen sich entsprechend. Keiner kümmert sich um den anderen.

Wir wollen den kontaktscheuen Campern zeigen, dass es auch anders geht, und versuchen, mit dem Betreiber des Platzes ins Gespräch zu kommen. Der geht sogleich auf unsere Annäherungsversuche ein, vielleicht überrascht, weil seine anderen Gäste immer Wert auf die Einhaltung einer abweisenden Distanz legen.

Wir erfahren viel Interessantes aus seinem Leben. Er ist in Südtirol geboren, war also bis 1918 Österreicher und hat im ersten Weltkrieg am Isonzo gegen die Italiener gekämpft. Dann wurde Südtirol dem italienischen Staat zugeschlagen, und er muss-te Italienisch lernen. Wir haben an diesem Abend bei zwei Fla-schen *Bianco Cortese* lange zusammengesessen und uns intensiv ausgetauscht.

Weit nach Mitternacht springen wir berauscht noch einmal ins Meer, geben uns dem Spiel mit den Wellen hin, um dann köst-lich erfrischt in Morpheus' Armen zu entschlafen.

Cervo 15.VIII.1953

Am nächsten Tag ist laut Kalender Mariä Himmelfahrt. Für die Gläubigen unübersehbar werden da oben Vorbereitungen getroffen, um dieses Ereignis würdig zu feiern. Der gesamte Himmel überzieht sich mit einer Stratuswolke, die kaum noch Sonnenstrahlen durchlässt. Anstelle des tiefen Blautons zeigt das Firmament eine matte blauweiße diesige Einfärbung. In den Bergen nördlich von uns gewittert es. Ab und an fallen einige Regentropfen.

Wir naturwissenschaftlich gebildeten Ungläubigen wissen, dass solche Himmelfahrts-Reisen damals noch gar nicht haben durchgeführt werden können. Der Mensch ist erst seit wenigen Jahren mittels Raketenantrieb in der Lage, dem Gravitationsfeld der Erde zu entkommen. Insofern gibt es keinen Grund, sich mit dieser nie erfolgten Himmelfahrt weiter zu beschäftigen.

Wir starten stattdessen mit der Erforschung unserer Um- und Unterwelt. Eberhard beginnt, mit seiner Tauchausrüstung die Tiefsee zu erforschen. Rolf und ich schwimmen weit hinaus aufs Meer. Unser Ziel ist ein Wrack, das ein paar Hundert Meter vor der Küste am Grund liegt. Ein versunkenes Schiff bedeutet Abenteuer, Geheimnisse. Dieter wäre auch gern mit uns hinausgeschwommen, traut sich aber noch nicht, weil er erst vor Kurzem das Freischwimmerzeugnis erworben hat. Er paddelt dieweil, auf seiner Luftmatratze liegend, in Ufernähe.

Was wir erlebt haben? Gar nichts. Über besagtem Wrack schwimmen eine Boje und ein kleiner, alter Kahn, auf dem es nichts zu entdecken gibt. Rolf behauptet zwar, die Umrisse des Wracks zu erkennen. Ich sehe beim besten Willen nichts. Wir kehren um, legen uns auf den steinigen Strand und dösen.

Die vormittägliche Stille wird plötzlich von einem gellenden Schrei aus weiblichem Munde zerrissen. Neben einem der vielen am Strand herumliegenden Steine hat ein Mädchen den Arm eines Tintenfisches entdeckt, den der merkwürdige Geselle vorwitzig aus seinem Versteck hinausgestreckt hat. Ein Teil der sonnenbadenden Menge gerät in Panik, der andere wird vom Jagdfieber gepackt. Einige besonders mutige Helden rennen zur angezeigten Stelle, heben den Stein hoch und wollen das verängstigte Tier ergreifen. Der Krake bemerkt, dass die Leute ihm an seine Saugnäpfe wollen, und macht sich in Richtung Meer davon. Sie kriegen das glitschige Vieh nicht zu fassen. Seine sonderbare Art der Fortbewegung lässt sie erstaunt innehalten. Mit angsterfüllten Augen und mit Gänsehaut verfolgen sie die Flucht. Nachdem die erste Schrecksekunde vergangen ist, fassen sie neuen Mut und schreien; „Spezialist, Spezialist!" Fast wäre der Tintenfisch ihnen entwischt. Im letzten Augenblick betritt eine große Blondine die Bühne, geht die paar Schritte auf das fliehende Tier zu, schließt ihre Augen, packt beherzt zu und schleudert das Tier einige Meter weit auf den Strand zurück zu den Gaffern, die mit einem Aufschrei des Entsetzens zurückweichen.

In diesem Augenblick tritt der eigentliche Held auf, der Spezialist. Er ergreift den Kraken, hebt ihn vom Boden auf und schmettert ihn mit aller Kraft nieder, einmal, zweimal, immer wieder, bis sich das Tier nicht mehr regt. Dann krempelt er es regelrecht um und wirft es einem Interessenten zu.

Beim Abgang murmelt er selbstgefällig in einer Mischung aus Spott, Verachtung und einem Gefühl der Überlegenheit die Worte: „Spezialist, Spezialist, Spezialist." Die Jagdbeute wandert in einen Suppentopf. Richtig zubereitet soll sie köstlich munden.

Hätte ich meinen Leuten ein solches Mahl vorgesetzt, wäre es mir wahrscheinlich so ergangen wie diesem beklagenswerten Geschöpf.

Heute wollen wir einen Spaziergang in Richtung Cervo unternehmen. Der von uns bewohnte Campingplatz liegt ziemlich weit außerhalb des Ortes. Um zu ihm zu gelangen, müssen wir eine längere Wegstrecke hinter uns bringen. Trotz des bedeckten Himmels haben sich die am Strand liegenden Steine so aufgeheizt, dass wir nicht barfüßig über sie hinweggehen können. Und bequem ausschreiten können wir auch nicht. Der steinige Strand zwingt uns zu einer hüpfenden Fortbewegung.

In Cervo angekommen, werden wir angenehm von einem Sandstrand überrascht, der allerdings angekarrt worden ist. Damit er kein Raub der Wellen wird, hat man vor der Küste eine aus großen Steinblöcken bestehende, mehrere Hundert Meter lange Barriere versenkt, die das Abschwemmen des Sandes verhindern soll.

Das Publikum setzt sich aus Normalbürgern zusammen. Die mondäne Welt fährt nicht in ein kleines Nest wie Cervo.

Als Rückweg wählen wir nicht wieder den beschwerlichen Hüpf-Pfad, sondern eine planierte Strecke landeinwärts. Dass Eberhard an diesem Ausflug nicht teilgenommen hat, muss ich eigentlich nicht erwähnen. Er hält von solcherlei Exkursionen nichts.

Das große Erlebnis dieses Tages ist für Rolf und mich die Benutzung des Tauchgerätes, das uns Eberhard zum ersten Mal zur Verfügung stellt. Dieter hätte es gern auch einmal ausprobiert, aber weil er sich erst vor Kurzem frei geschwommen hatte … Wir kennen inzwischen seine Ausreden. Er hat viel versäumt. Ihm bleibt ein Blick in eine bunte, fremde, angenehm stille Welt versagt.

Dort unten wächst eine üppige Meeresflora. Grüne, gelbe, auch rote Pflanzen umschlingen die am Grund liegenden Steine. Weiter hinaus ins offene Meer verliert sich mit zunehmender Tiefe alles in einem geheimnisvollen Halbdunkel. Über allem spannt sich ein glitzernder, funkelnder Spiegel. Die Wasseroberfläche scheint von unten betrachtet aus gleißendem Silber zu bestehen.

Der erste Fisch erscheint in meinem Blickfeld, vollkommen unbeweglich steht er da, zum Greifen nah. Ich greife nach ihm. Blitzschnell ist er verschwunden. Ich habe die Entfernung völlig falsch eingeschätzt. Mit dem Dreizack, der zur Ausrüstung gehört, wäre ich bei einer Fischjagd chancenlos.

Beim Aufspüren von Seeigeln hingegen ist dieser Dreizack von großem Nutzen. Wir haben gehört, dass man diese stacheligen Tiere essen kann. Auf unserem Speiseplan wird *frutti di mare* stehen. Rolf wird beauftragt, nach ihnen zu tauchen. Das ist eine ganz ungefährliche Angelegenheit. Man hebt die Tiere mit dem Dreizack vom Meeresboden ab und sammelt sie in einem mitgeführten Netz ein. Die Tiere verspritzen kein Gift. Gegen die Angriffe ihrer Feinde schützt sie ihr Stachelkleid. Solange man nicht barfüßig auf einen von ihnen drauftritt, kann nichts passieren.

Die Ernte dieses Tages sind vier Exemplare. Sie werden in einem mit Meerwasser gefüllten Kochgeschirr aufbewahrt und sollen am nächsten Tag zubereitet werden.

Am Abend dieses ereignisreichen Tages ereignet sich noch etwas, was der Chronist auf keinen Fall unerwähnt lassen möchte. Auf dem Platz ist Ruhe eingekehrt. Rolf und ich haben uns bereits hingelegt.

Dieter und Eberhard statten dem stillen Örtchen einen letzten Besuch ab. Eine einzige Glühbirne beleuchtet den Platz. Sie hängt genau vor den beiden Lokustüren, die übrigens nicht mit Herzchen verziert sind, sondern in einer Höhe von knapp zwei Metern eine rechteckige Öffnung der Größe 30 x 80 Zentimetern für die Frischluftzufuhr besitzen.

Als Erster kommt Eberhard zurück. Er reibt sich in diebischer Freude die Hände und erzählt uns, er habe eben Dieters Toilettentür von außen verschlossen. Rolf und ich, die wir schon fast eingeschlafen sind, werden hellwach. Wir richten uns auf und beobachten die von der Glühbirne gut ausgeleuchtete Szene. Wir brauchen nicht lange zu warten.

Dieter rüttelt mehrmals vergeblich an der verschlossenen Tür. Dann dämmert ihm die Erkenntnis, dass irgendjemand ihn eingeschlossen hat.

Im zweiten Akt des Kasperlespektakels erscheint sein Kopf in der oberen Öffnung. Es ist gar nicht so einfach für den kleinen Mann, die Öffnung zu erreichen. Es gibt hier kein Klosett, wie wir es kennen, auf das er sich stellen kann. Es sieht schon komisch aus, wie er den Kopf hin- und herbewegt, wütend mit den Armen fuchtelt und einen Ausweg aus der Falle sucht. Was haben wir gelacht. Eine vortreffliche Vorstellung. Er verschwindet, hat sich wohl nicht länger dort oben halten können.

3. Akt. Er erscheint erneut in der Öffnung, langt nach der an einem Kabel baumelnden Glühbirne, dreht sie aus der Fassung. Dunkelheit legt sich über die Bühne.

4. Akt. Irgendwie hat er es geschafft, nach oben zu gelangen und sich durch das Loch zu zwängen. Es gibt keinen Zeugen für diese Tat. Er kehrt zum Zelt zurück und hält uns eine Gardinenpredigt: Wir sind „elende Kreaturen", „schlechte Menschen". Und ich bin das „schwärzeste Schaf". Dieter hat mich im Verdacht, ihn eingeschlossen zu haben. Wir lachen über seine Moralpredigt, was seine Wut noch steigert und ihn in seiner Meinung bestärkt, dass wir eine „verworfene Bande" sind. Er beschließt seine Rede mit einem „Pfui", in das er seine ganze Verachtung hineinlegt.

Cervo 15.VIII.1953

Foto 11:   Unser VW-Käfer und das Zelt auf dem Campingplatz von
             Cervo

Foto 12:   Segelboote im Hafen von Cervo

Genua 16.VIII.1953

Die Helligkeit des anbrechenden Sonntagmorgens lockt die Schläfer aus ihren Zelten hervor. Einer nach dem anderen taucht aus der Dämmerung seines Zeltes auf, blinzelt, reibt den Sand aus den Augen, gähnt ungeniert und blickt in den Himmel, um die Wetteraussichten einzuschätzen. Die Lage ist wie gestern, weder schlecht noch schön. Klärt es sich heute noch auf oder bleibt's, wie es ist? Nichts Genaues weiß man.

Was sollen wir tun? Wir beschließen, bis zur Mittagszeit zu warten. Hat es sich bis dahin nicht aufgeklärt, wollen wir das Zelt abbrechen und weiterfahren. Wir kommen auf der Rückreise ohnehin hier noch einmal vorbei.

Die erhoffte Änderung tritt leider nicht ein. Petrus hat kein Einsehen und macht keine Anstalten, die Schönwetterkulisse auf die Bühne zu schieben. Wir verladen unsere Siebensachen, nehmen rührselig Abschied und machen uns in Richtung Genua auf und davon.

Wir fahren zum zweiten Mal auf der Küstenstraße, diesmal in östlicher Richtung und bei Tage. Zu unserer Überraschung und Freude herrscht um die Mittagszeit nur wenig Verkehr, und wir erreichen die Stadt wie im Fluge. Durch die hässlichen westlichen Stadtteile, die wir schon nach der Abfahrt von der Autostrada gesehen haben, sausen wir schnell hindurch. Erst am Hafen halten wir an und parken den Wagen. Dann dringen wir in das Gewirr schmaler und schmalster Gassen ein, in ein Labyrinth dunkler Schächte, deren Breite zwischen zwei und drei Meter beträgt. Bis auf den Erdboden verirrt sich hier kein Sonnenstrahl. In den oberen Etagen sind zwischen den Häusern Wäscheleinen gespannt, auf denen verschlissene Laken zum Trocknen aufgehängt sind. Unten reihen sich die Läden. Weinpinten in großer Zahl, Bäcker, Schlachter und was es sonst zur Abdeckung des täglichen Bedarfs so gibt. Dass es hier nicht gerade appetitlich aussieht, wird niemanden verwundern. Doch kann sich unser Auge an den Anblick solcher Stillleben bald gewöhnen. Ob auch unsere Nasen sich an den hier herrschenden Geruch gewöhnen könnten, ist indes fraglich. Geruch ist übrigens eine euphemistische Bezeichnung für den wabernden Gestank. Die hier lebenden Genuesen tragen zu dieser Mischung mit eigenen aus dem Mund, den Achselhöhlen und anderen Körpergegenden entströmenden Aromen bei. Körperhygiene ist hier ein Fremdwort. Ein ums andere Mal rufen wir voll Respekt: „Was für ein angenehmer Duft!"

Die hier wild gestikulierend herumlaufenden männlichen Individuen wirken allesamt etwas schmutzig und zerlumpt, geben sich dem Müßiggang hin und entsprechen eher der Vorstellung, die man sich vom Süditaliener macht.

Die weiblichen Individuen, die wir zu sehen bekommen, sind alle schon etwas älter und haben einige Pfunde angesetzt. Es scheinen Veteraninnen des horizontalen Gewerbes zu sein, denen man ansieht, dass sie so manche Schlacht geschlagen haben. Die jüngeren in diesem Gewerbe tätigen Damen sind von der Bildfläche verschwunden, weil in Italien wie auch in Frankreich seit Jahren die Bordelle geschlossen sind. Die Ausführung ihres Berufes wird ihnen nicht leicht, aber auch nicht unmöglich gemacht. Bei Bedarf kann man einen der herumlungernden Herren nach einer Adresse fragen.

Die alten, ausgedienten Damen verdienen sich ihren Lebensunterhalt mit illegalem Zigarettenverkauf. Sie handeln mit „Amis", die unverzollt aus dem Hafen geschmuggelt worden sind. Vollgestopft mit *Chesterfields*, *Camels* und *Luckys* hocken sie auf einem Schemel in irgendeiner dunklen Ecke.

Wenn das Geschäft florieren soll, muss man eine gewisse Ordnung einhalten. Jede Dame versteckt ihre Waren an bestimmen Körperstellen. Beispielsweise kann man die *Chesterfields* zwischen den Brüsten verbergen, die *Camels* hinter die Strapse klemmen, und die *Luckys* … Ich überlasse es der Phantasie meiner Leser, sich auszudenken, wo man die unterbringen könnte. Das Einkaufskriterium von Rolf, unserem passionierten Raucher, ist die Taille. Nur Glimmstängel, die die Ladys oberhalb ihres Äquators unter ihren Klamotten hervorholen, kauft er. Alles, was sie unterhalb dieser Linie aus den Falten ihrer Gewänder hervorzaubern, lehnt er ab. Ich verstehe nicht, wie man sich so anstellen kann. Die Ware ist doch verpackt.

Es gilt, Abschied zu nehmen. Wir wollen auch noch den Osten der Stadt kennenlernen und werden überrascht. Nach dem industriellen Drecksviertel im Westen und dem vergammelten Hafenviertel im Zentrum zeigt sich die Stadt im Osten von ihrer Schokoladenseite. Hier kann man von *La Superba* sprechen. Moderne, saubere, elegante Wohnviertel, farbenfrohe, geschmackvolle Wohnhäuser, großzügige Grünanlagen.

Dennoch. Die Stadt präsentiert sich jetzt von ihrer schönen Seite, kann uns aber nicht fesseln. Der erste Eindruck ist wohl der entscheidende gewesen. Genua kann unsere Gunst nicht gewinnen.

Die Route entlang der *Riviera di Levante* erobert unsere Herzen sogleich. Wir sind von der Anmut dieses Landstrichs begeistert. Sie ist sehr viel schöner als die westliche Riviera. Die Straße verläuft nicht dicht an der Küste entlang, sondern landeinwärts über die Berge, aber immer so nah am Wasser, dass man die gesamte Küste kilometerweit überblicken kann, als säße man im Flugzeug.

Die Berge sind bewaldet, kein nackter Fels stört das liebliche Bild. Über zwanzig Kilometer wiederholt sich die Szenerie. Hügel reiht sich an Hügel. Wir fahren im ständigen Wechsel hinauf und hinab. In jedem der dazwischenliegenden Täler liegt eingebettet ein kleiner Ort, dessen Häuser vom Meer talaufwärts auf beiden Hängen verstreut sind. Wir werden nicht müde, dieses Wechselspiel zu genießen.

Mittags legen wir eine kleine Rast ein. Als Hauptgericht serviere ich Spaghetti. Als Nachtisch gibt es Brot mit Rotwurst und einen Tomatensalat, dem eine Paprikaschote untergemischt ist. Eberhard hatte sie in der Auslage eines Gemüsehökers gesehen und gleich ein ganzes Pfund gekauft, weil er sie so gern isst, wie er uns versichert.

Wir drei anderen Banausen picken die gelblichen Stücke, nachdem wir sie gekostet haben, aus unserem Salat heraus und schleudern sie in hohem Bogen in die Gegend. Wir finden den

Geschmack des in Deutschland noch weitgehend unbekannten Gemüses, das wir heute zum ersten Mal kosten, so schrecklich, dass wir schwören, es nie wieder versuchen zu wollen. Nur Eberhard genießt das exotische Gemüse.

In der Annahme, dass Eberhard in den nächsten Tagen den Rest noch verzehren würde, entsorge ich die Schoten noch nicht, sondern packe sie zu den anderen Lebensmittelvorräten.

Unser nächstes Ziel heißt Portofino, ein südlich von Rapallo an der Südspitze eines großen Kaps liegendes winziges Hafenstädtchen. Die Hauptroute folgt nicht mehr der Küstenlinie, sondern verläuft weiter landeinwärts, sodass wir das Meer aus den Augen verlieren, was uns gar nicht gefällt. Deshalb verlassen wir diese Straße und versuchen, auf kleinen Nebenstraßen zum Kap zu gelangen. Wir geraten in einen paradiesischen Garten, in dem wir uns stundenlang hätten aufhalten wollen. Darum sind wir auch nicht verärgert, als wir nach einiger Zeit feststellen müssen, dass wir so nicht zum Zielort gelangen. Wir müssen zur Hauptstraße zurückkehren.

Aber auch hier langweilen sich die Augen nicht. Es gilt, einen weiteren Gebirgszug zu überwinden, Kuppe reiht sich an Kuppe. Dann haben wir es geschafft, den richtigen Abzweig zur Südspitze des Kaps gefunden. Portofino ist nahe, aber wir erreichen den Ort heute nicht mehr, denn die Dämmerung bricht an, und wir müssen uns einen Zeltplatz suchen.

Direkt am Abzweig stehen zwei weiß gekleidete motorisierte Polizisten. Die werde ich fragen. Ich klettere aus dem Wagen, setze meine italienischen Brocken zu einem Fragesatz zusammen und erhalte die Antwort: Auf dem Kap gibt es keine Möglichkeit zum Lagern. Wir müssen etwa zehn Kilometer zurückfahren. Dort befindet sich eine Esso-Tankstelle, wo wir kampieren können.

Ich kehre zum Wagen zurück und liefere die Übersetzung der polizeilichen Auskunft ab. Ganz wohl ist mir dabei nicht, denn wir sind vorhin an dieser Tankstelle vorbeigefahren. Ich kann mich aber nicht daran erinnern, dort Zelte gesehen zu haben. Egal, wir haben keine Alternative und fahren zurück.

Dort angekommen, stürze ich auf den Tankwart zu und frage ihn, ob wir hier zelten können. Die Antwort lautet: *„Si."* Na, Gott sei dank. Dann frage ich ihn, wo der Zeltplatz ist, und der Esso-Mann weist auf eine Grasnarbe hin, die direkt am Rande des Asphalts liegt. Wir Greenhörner sind die einzigen Gäste. Erfahrenen Campern wäre das sicher nicht passiert.

Während die anderen sich um den Zeltaufbau kümmern, begebe ich mich unverzüglich an den Kochherd. Wir haben alle einen Mordshunger.

Heute soll es etwas Besonderes geben, die in Cervo gefangenen Seeigel. Daraus wird allerdings nichts. Als ich sie zubereiten will, sind alle verstorben. Oder haben sich tot gestellt. Wer weiß? Sie riechen irgendwie komisch. Ehrlich gesagt: Ich wüsste auch nicht, wie ich sie zubereiten sollte. Deshalb gibt es heute mal wieder Spaghetti. Da die mitgenommenen Kochtöpfe zu klein sind, muss ich in Raten kochen. Wenn alle anderen verköstigt sind, komme ich als Letzter an die Reihe. Mir ist der Appetit gründlich vergangen. Ich rühre lustlos in dem Topf mit den Nudeln herum und lasse sie am Ende stehen, um sie den nächsten Abhang hinunter zu befördern.

In diesem Augenblick bekommen wir Besuch. Ein Wagen aus Freiburg rollt auf uns zu. Ihm entsteigen zwei Pärchen. Ich frage: „Seid ihr hungrig?" Und fahre fort: „Ich habe hier noch wunderschöne Spaghetti, die wollte ich gerade für morgen kühl stellen. Ich habe leider keine Soße mehr. Wenn ihr mögt, könnt ihr sie gerne haben." Die vier haben sie wie die Scheunendrescher gefressen. Igitt. Ich schwöre mir. Auf meinem Speiseplan wird ab morgen ein anderes Gericht stehen: Bratkartoffeln.

Wir haben heute viel Schönes gesehen und erlebt.

Portofino, Carrara, Pisa 17.VIII.1953

Mit dem ersten Sonnenstrahl, der auf diesen Flecken norditalienischen Landes fällt, erhebe ich mich von meinem Lager. Das mediterrane Klima macht aus einem passionierten Langschläfer einen Frühaufsteher. Ich breche mit nüchternem Magen zu einem Morgenspaziergang auf. Zuerst durchkreuze ich den Zivilisationsgürtel, der die Tankstelle umschließt. Er besteht aus leeren Blechdosen, aus zusammengeknülltem Papier sowie frischen und ausgetrockneten Exkrementen. Es ist nicht einfach, hier freie Stellen für die Füße zu finden. Überdies muss man sich der zahlreichen Brummer erwehren, die über den Haufen geräuschvoll ihre Kreise ziehen. Das Leben eines jeden irdischen Wesens kreist um irgendein Zentrum.

Ein letzter Sprung, dann bin ich der Gefahrenzone entronnen. Es ist ein Sprung hinein in einen großen Garten, einen hängenden Garten. Bis tief hinab ins Tal sind die treppenförmig angeordneten Terrassen aufgebaut. Die zahlreichen Obstbäume sind bereits abgeerntet. Ab und an trete ich auf eine herabgefallene, im hohen Gras verborgene Frucht, die zur großen Freude der Insekten langsam vor sich hin fault. Ja, hier wächst üppiges Gras, was ich in diesen Breiten nicht erwartet hätte. Tau liegt zu dieser frühen Stunde noch auf den Halmen. Ich fühle mich wie in einem deutschen Mittelgebirge. Das nasse Gras begeistert mich nicht nur und lässt mich einen Augenblick daran denken, die Schuhe abzustreifen und eine Kneipp'sche Anwendung zu genießen, sondern befreit mich auch von der lästigen Arbeit des Schuhputzens.

Ich kehre mit blank geputzten Schuhen zur Tankstelle zurück. Dort ist man mittlerweile munter geworden und betreibt die Morgentoilette. Ich belege einen großen Stapel Brote mit Rotwurst, mit denen wir uns in die neben der Tankstelle gelegene *cafeteria* begeben müssen, weil unser eigener Kaffeevorrat gestern zur Neige gegangen ist. So gelabt treten wir die Weiterreise über Rapallo nach Portofino an. Diese Strecke ist eine der schönsten, die wir bislang gesehen haben, vielleicht sogar der schönste Flecken an der italienischen Riviera.

Die Küste ist munter gegliedert. Kleinen Buchten werden von kleinen Felsvorsprüngen voneinander getrennt. Die Straße schlängelt sich dicht am Ufer entlang. Die Hänge sind bis ganz nach oben mit Schatten spendenden Bäumen bestanden, unter deren Laubwerk sich die Villen verbergen. Nur die an der Straße liegenden blumengeschmückten Eingangspforten lassen darauf schließen, dass sich dahinter luxuriöse Anwesen verstecken. In einigen Buchten befinden sich kleine Badeanstalten. Von den Felsvorsprüngen aus kann man auf größere Küstenabschnitte blicken und gelegentlich auch Teile eines aus dem Grün herausragenden Villendaches wahrnehmen. Die Fahrt endet auf dem winzigen Marktplatz des Fischerdorfes Portofino, das über einen kleinen Naturhafen verfügt. Die Kirche klebt am Hang. Die wenigen Häuser stehen herum, als wären sie einer Spielzeugkiste entnommen. Im Hafenbecken liegen einige Segelboote. Globetrotter aus allen Nationen besuchen den Ort. Wir sind nicht die Ersten, die gekommen sind, die Schönheit des Fleckens zu bestaunen. Der Ort wird von der Menge der auf dem Landweg und zu Wasser anreisenden Touristen erdrückt. Der Parkplatz bietet kaum noch Platz für die Autos, der Hafen kaum noch Anlegemöglichkeiten für die kleinsten Boote. Der Ort lebt vom Fremdenverkehr. Mir scheint, dass die wenigen zum Trocknen aufgehängten Netze als Dekoration dienen. Die Bewohner leben nicht mehr vom Fischfang. Hier werden die Touristen gefangen.

Wir wollen das bunte Treiben aus der Vogelperspektive betrachten und steigen auf einer in den Fels gehauenen Treppe bergauf. Eberhard bleibt wie immer allein zurück. Es ist verdammt heiß, und das Klettern ist kein reines Vergnügen. Aber die Aussicht entschädigt uns für die Mühen des Aufstiegs. Den Versuch, von hier aus an das Kap zu gelangen, müssen wir bald aufgeben. Der gesamte Berg ist mit kleinen Häuschen bebaut. Überall hindern uns Zäune am Umherschweifen, versperren Mauern den Weg. So wunderschön es hier oben auch ist, wir müssen umkehren. Eberhard wartet auf uns. Am verabredeten Treffpunkt ist er nicht. Wir gehen weiter zum Parkplatz, wo wir etwas erschöpft auf ihn warten. Bald darauf erscheint er. Wir verlassen den Ort mit dem festen Vorsatz, ihn spätestens zur Hochzeitsreise wieder aufzusuchen.

Foto 13:   Blick auf Portofino

Foto 14:   Segelboote im Hafen von Portofino

Bei strahlendem Sonnenschein fahren wir jetzt auf der *Via Aurelia*[1] weiter gen Süden. Noch circa zwanzig Kilometern führt die alte Heerstraße an der Küste entlang, und die Landschaft gleicht der zwischen Genua und Rapallo. Dann, hinter Sestri, geht's ins Gebirge. Kurz vor dem Pass legen wir eine kurze Mittagspause ein. Zum Kochen wollen wir uns keine Zeit nehmen. Ich reiche in Olivenöl getränkte Tomatenstücke und Wurstbrote, dazu eine belebende Tasse Nescafé.

Bei La Spezia erreichen wir wieder das Meer. Ab hier verändert sich das Landschaftsbild total. Bis Roma fahren wir durch offenes, ebenes Land, immer einige Kilometer von der Küste entfernt. Wir haben die schönsten Gegenden hinter uns gelassen.

Unser nächstes Ziel ist Carrara. Fragt man die Freunde nach Städten aus der Toscana, nennen sie zuerst Firenze, dann Pisa, vielleicht noch Livorno oder Arrezo. Aber die allerwenigsten Mitmenschen würden Carrara als lohnenswertes Reiseziel erwähnen oder in die engere Wahl ziehen. Ich verbinde mit diesem Ort die Vorstellung von der unerträglich harten Arbeit in den Marmorsteinbrüchen, von unter der glühenden Sonne schuftenden Sklaven, von ihren durch den beim Sägen anfallenden Staub entzündeten Augen. Sklaven würden wir heute nicht mehr zu sehen bekommen. Ich würde mich aber auch mit schwitzenden Arbeitern zufriedengeben. Schweiß gehört unbedingt in das Bild, das ich mir von Carrara mache.

Die Wirklichkeit entspricht allerdings in nichts meinen Vorstellungen. Wir suchen am Rande des Berges nach dem Anfahrtsweg zu den Steinbrüchen, Erst nach einigem Hin und Her finden wir einen ungepflasterten Weg, der so schmal ist, dass nicht zwei Lkws aneinander vorbeifahren können. Hier sollen die Blöcke transportiert worden sein, die ein Buonarroti[2] behauen hat, aus denen Großmutters Waschtischplatte geschnitten worden ist. Ein so kleiner Pfad angesichts so bedeutender Marmorbrocken. Das muss hier mal anders ausgesehen haben.

[1] *Via Aurelia*: Römerstraße, die ursprünglich von Rom bis Pisa bzw. Luni verlief und heute Staatsstraße ist.

[2] Michelangelo Buonarroti (1475 bis 1564): italienischer Maler, Bildhauer, Baumeister und Dichter der Hochrenaissance.

Der Weg endet inmitten des Gebirges, erweitert sich zu einem kleinen Platz. Hier erwarten uns einige *bambini*, die sich uns als Fremdenführer anbieten. Das Auto wird geparkt. Wir setzen den Weg zu Fuß fort, begleitet von einem der kleinen Jungen. Das sollen die „Steinbrüche" sein. Vor uns, hinter uns, uns zur Seite liegen die kümmerlichen Reste von enthaupteten Bergen, die man zerhauen, gesprengt, zersägt hat. Sie gleichen nicht den Steinbrüchen, wie ich sie kenne, sondern Schutthalden.

In der Ferne, links von uns, erkennen wir einen Schienenstrang, der über eine Brücke geführt wird und rechts in einem Tunnel verschwindet. Dort hinten wird heute gearbeitet. Wir haben offensichtlich die falsche Zufahrtsstraße erwischt. Unser Vorhaben, weiter in die Bergwelt einzudringen, geben wir auf, weil der Junge uns warnt, das könnte gefährlich werden. Erst heute wären da oben mehrere Arbeiter verunglückt. Also geben wir uns mit dem zufrieden, was die unmittelbare Umgebung uns bietet. Wir suchen vergeblich nach Adern im Gestein, finden aber keine. Die werden wohl erst durch den Schliff sichtbar. Zum Abschied schenkt uns der *bambino* vom Boden aufgesammelte Steine, die wir als Andenken mitnehmen sollen. Damit legt er den Grundstein zu Dieters Mineraliensammlung, die im gleichen Maße wächst, wie unser Bestand an Wurstdosen abnimmt.

Auf dem Rückweg machen wir Bekanntschaft mit italienischen Straßenjungen. Sie stehen am Straßenrand und bewerfen das Auto mit Steinen, wogegen wir machtlos sind. Dann springt einer der Bengel vor das Auto und, als er bemerkt, dass Eberhard nicht abbremst, reaktionsschnell im letzten Augenblick beiseite. Er ergreift den Türgriff und reißt die Tür des fahrenden Autos auf. Jetzt wird es Eberhard zu bunt. Er bremst abrupt, springt aus dem Wagen und rennt hinter dem überraschten, flüchtenden Übeltäter her. Er kriegt ihn zu fassen und erklärt ihm, dass man so etwas nicht machen darf. Das weiß der Bengel, auch wenn er die deutsche Ansprache natürlich nicht verstanden hat. Hoffen wir, dass er sich die gütige Ermahnung zu Herzen nimmt.

Bald haben wir die Hauptstraße erreicht, auf der wir heute noch über Viareggio nach Pisa fahren wollen. Viareggio ist ein größerer Badeort, aber eine nichtssagende Stadt. Wir verlassen die *Via Aurelia*, um einen Blick auf den Strand zu werfen, registrieren im Vorbeifahren saubere und gepflegte Anlagen, einige nette Mädchen unter den Badegästen und schachbrettartig angelegte Straßen. Nichts Besonderes.

Eine halbe Stunde später sind wir in Pisa angekommen. Gleich linkerhand am Ortseingang liegt der *Campo Santo*, dahinter die weltbekannten Bauwerke der Stadt, der Dom, das Baptisterium und der Schiefe Turm. Alle drei mit strahlend weißen Steinen errichteten Gebäude stehen auf einer rechteckigen Wiese am Stadtrand, was mich überrascht. Ich habe sie als Stadtkern im Zentrum erwartet, um das herum der Ort organisch gewachsen ist. Stattdessen befinden sie sich völlig isoliert am Stadtrand, als wären sie nicht zum alltäglichen Gebrauch, sondern als Ausstellungsstücke erbaut worden. So, als ob die Planer die späteren Parkplatzprobleme vorhergesehen hätten. So eine visionäre Vorausschau hätte ich gern von unseren heutigen Stadtplanern erwartet. Da versetzt sich der damalige Planer in die Reisegewohnheiten der Touristen von heute, die solche Besichtigungstouren am liebsten erledigen, ohne das Auto verlassen zu müssen.

Damit das Gebäudeensemble seinen besonderen Kick bekommt, wird der Turm schief gebaut.[3] Das ist doch im 12. Jahrhundert vorweggenommenes 20. Jahrhundert.

Pisano[4], was hast du dir dabei gedacht? Das Konzept müssen wir erst mal verstehen. Wir werden morgen wiederkommen. Jetzt müssen wir uns einen Zeltplatz suchen. Er liegt nur wenige Hundert Meter entfernt.

Wir sind fast die einzigen Gäste. Nur ein Franzose liegt neben unserem Zelt. Allerdings füllt sich das Gelände in den nächsten Stunden zusehends. Heute ist ein besonderer Tag. Ich serviere zum ersten Mal Bratkartoffeln. Ach, was sage ich. Die Kartoffeln werden in Ermangelung einer Pfanne nicht gebraten, sondern in

---

[3] Schiefer Turm von Pisa: Der Glockenturm begann sich bereits zwölf Jahre nach dem Baubeginn in 1173 zu neigen, da der Untergrund aus morastigem Lehm und Sand dem Gewicht nicht standhielt, worauf der Bau zunächst über hundert Jahre ruhte. Beendet wurde der Bau 1372.

[4] Bonanno Pisano: erster Baumeister des Schiefen Turmes von Pisa.

Olivenöl gekocht. Jeweils zwei Mannen sind mit dem Kartoffel-schälen beschäftigt. Ich lasse die in Scheiben und Stäbchen ge-schnittenen Erdäpfel so lange im Olivenöl sieden, bis sie braun werden. Diese fetttriefende Portion serviere ich dann dem vier-ten Mann. So geht das rundum. Alle haben einen Mordshunger und stürzen sich begeistert auf die Fritten. Halt! Nicht alle. Die-ter hat etwas auszusetzen. Sie sind ihm zu fett. Er besteht dar-auf, dass ihm eine Extrawurst gebraten wird, eine Dose mit einer Wurstfüllung geöffnet wird. Vielleicht, damit in den unter den Sitzen gelagerten Kartons Platz für neue Steine seiner Minerali-ensammlung geschaffen wird? Am Ende dieser Mahlzeit hocken wir alle rülpsend auf etruskischem Boden.

Lange Zeit sind unsere Gehirne abgeschaltet, denn wir sind sehr satt. Wie sagt doch der Lateiner: *plenus venter non studet liben-ter*[5]. Irgendwann fällt uns ein, dass das Geschirr gereinigt wer-den muss. Welch Zumutung für freie Bürger. Wir sind uns einig, diesem Zwang zu entfliehen. Wir lassen alles liegen und stehen und bummeln in den lauen Abend hinein, wie immer ohne den bewegungsscheuen Eberhard. Im Ort lassen wir uns nieder und trinken einige Gläschen Wein aus hiesigen Lagen. Dann keh-ren wir zum Platz zurück, plaudern noch ein Weilchen mit dem Platzwart und legen uns mit der angetrunkenen Bettschwere zur Ruhe. Morgen werden wir uns den Schiefen Turm einmal näher ansehen.

---

[5] *plenus venter non studet libenter* (lat.): Ein voller Bauch studiert nicht gern.

Pisa, die Toskana 18.VIII.1953

Auch in Pisa leben keine Heinzelmännchen. Diese traurige Wahrheit muss ich heute nach dem Erwachen erfahren, als ich den Stapel ölig glänzenden Geschirrs noch genauso vor mir stehen sehe, wie ich ihn gestern am Abend aufgetürmt habe. Ich ignoriere ihn, begebe mich zu den Waschräumen, kleide mich an, hole Milch, packe meine Sachen und schaue die Umgebung an. Rolf ist kurz nach mir aufgestanden. Er wäscht sich, kleidet sich an und sieht sich in der Nachbarschaft um. Die geölten Töpfe, Teller und Bestecke übersieht er geflissentlich. Als Eberhard und Dieter als Letzte aus dem Zelt kriechen und sich alle Mühe geben, das ölige Geschirr zu übersehen, stehen Rolf und ich keine zwanzig Schritte entfernt bei einem norwegischen Ehepaar, vertieft in eine auf Englisch geführte Unterhaltung. Wir haben bislang auf keinem Zeltplatz so lange geklönt wie an diesem Morgen. Die beiden Langschläfer laufen dieweil eine Zeit lang unschlüssig um das schmutzige Geschirr herum, kommen dann zu uns herüber und zeigen Interesse für den BMW der Norweger, den sie, so erfahren wir von ihnen, in der Ostzone gekauft haben.

Nachdem wir vier alle denselben Abstand vom verölten Stapel gewonnen haben, kehren wir jetzt gemeinsam zurück, noch immer uneins darüber, wie wir die Reinigungsarbeit unter uns aufteilen sollen.

Während wir noch unschlüssig diskutieren, leert sich der Platz. Unter großem Hallo sind die Engländerinnen weggefahren, die gestern ein Stündchen nach uns hier eingetroffen sind. Es sind ihrer acht (oder neun?) Mädchen in einem uralten Automobil. Das Lenkrad ist auf einer frei im Wageninneren senkrecht stehenden Säule montiert. Der Innenraum besitzt wegen der Zylinderhüte tragenden Vorbesitzer eine enorme Höhe. Kofferraum Fehlanzeige. Alle Gepäckstücke haben die Mädchen oben, an den Seiten und hinten außen festgezurrt. Einige von ihnen sind übrigens ausnehmend hübsch.

Wir säßen wahrscheinlich heute noch auf diesem Platz, wenn ich mich nicht überwunden hätte, mit dem Abwasch zu beginnen.

An dieser Stelle sei der stille Heldenmut Dieters erwähnt, der mit mir und dem *Rei*, einem Putzmittel, nach einem kurzen Kampf gegen seinen inneren Schweinehund gemeinsam gegen das Fett zu Felde zieht.

Der geplanten Besteigung des *Campanile* steht nichts mehr im Wege. Wir fahren ein zweites Mal auf den *Campo Santo*, auf dem jetzt eine unerträgliche Hitze lastet. Der Wagen wird im Schatten einer Mauer abgestellt. Wir schleppen uns stöhnend weiter und wünschen uns einen kühlen Ort herbei. Deshalb steuern wir zuerst den Dom an, ein im toskanischen Stil aus weißem Marmor errichtetes Gotteshaus. Die uns zugekehrte Fassade besteht aus vier übereinander errichteten Säulenreihen, die im Laufe der Zeit etwas ins Rutschen gekommen sind. Nicht nur der Glockenturm, auch eine Ecke des Doms steht ein bisschen schief. Es sind aber auch schon neunhundert Jahre vergangen, als Rainaldus mit dem Bau begann. 1063 war das. Fünfzig Jahre später, als Papst Gelasius II.[1] 1118 den Dom weihte, war er immer noch nicht vollendet. Er hatte eine Kirche bauen wollen, ein Backofen ist es geworden. Diesen Eindruck gewinnen wir, als wir das Gebäude betreten. Wir haben Zuflucht im Dom gesucht, weil in solchen Gebäuden in den Breitenkreisen, in denen wir uns sonst bewegen, auch im Hochsommer eine angenehme Kühle herrscht. Wir werden enttäuscht. Kein Hauch erfrischender Kühle empfängt uns, sondern stickige heiße Luft. Hier drinnen ist es wärmer als draußen. Ein Taschentuch reicht nicht, den rinnenden Schweiß abzuwischen. Wir sinken erschöpft, kläglich japsend auf eine Bank und finden weder die Kraft noch Lust, uns hier umzusehen. Wir rennen bitter enttäuscht hinaus und stellen zu unserer Überraschung fest, dass die Hitze draußen trotz der prallen Mittagssonne besser zu ertragen ist, weil ein schwaches Lüftchen weht.

Wir stellen uns in den Schatten des Schiefen Turms und beginnen, seine Höhe und Schiefe zu schätzen, bevor wir in den Reiseführer schauen. Die oft gestellte Frage, ob der Baumeister das Gebäude absichtlich schief errichtet hat, kann mit einem klaren

[1] Gelasius II. (zw. 1060 und 1064 bis 1119): Papst von 1118 bis 1119.

Nein beantworten werden. Ich halte solche Spekulationen für Unsinn. Solch schiefen Turm zu bauen ist ungleich schwieriger als der Bau eines senkrecht stehenden Turms. Die Erklärung dafür ist, dass die Tragfähigkeit des Untergrundes nicht ausreichend untersucht worden und die Fundamentgründung nicht tief genug erfolgt ist.

Seitdem der Tourismus in der Welt ist, gibt es übrigens nicht nur einen schiefen Turm zu sehen, sondern Tausende. Sie können in den Geschäften der Stadt und bei den Händlern, die ihre Stände auf dem Platz aufgebaut haben, in allen Größen und Farben käuflich erworben werden.

Ein wenig profitieren auch die Fotogeschäfte von der Touristenschwemme. Die zahlreichen Fremden knipsen mit ihrer Kleinbildkamera alle drei Gebäude von vorne bis hinten, wahlweise mit ihrer Frau, Freundin, Oma und Kindern im Vordergrund. Die Zahl der geknipsten Fotos ist riesengroß. Da ist ein Film mit 36 Bildern schnell belichtet, und eine neue Spule muss gekauft werden. Dass die meisten Aufnahmen unscharf sind, ist das weniger schöne Ergebnis dieser Hobby-Fotografen. Das liegt daran, dass die Kleinbildkameras noch keine Entfernungen messen können und die meisten Knipser sie am Objektivring völlig falsch einstellen.

Wir schicken uns an, den Schiefen Turm zu besteigen. Es bedarf einer besonderen Technik, um auf seiner schiefen Wendeltreppe emporkommen zu können. Auf der einen Hälfte jedes kreisförmigen Wegabschnitts zieht die Schwerkraft dich an die Außenwand, auf der zweiten Hälfte an die innere Wendelachse. Und das im ständigen Wechsel. Du brauchst zum Fortkommen die Hände, mal auf der rechten, mal auf der linken Seite, um dich von den Steinen abzudrücken. Und das so lange, bis du die 54,5-Meter-Marke erreicht hast. Unterwegs kannst du den Aufstieg unterbrechen und durch Türen nach außen auf die acht hübschen Kolonnaden-Stockwerke gelangen. in die die Fassade gegliedert ist. Mich erstaunt, dass diese umlaufende, etwa ein Meter breite Galerie nicht durch ein Geländer gesichert ist. Auf der einen Kreishälfte ist das zwar relativ ungefährlich, weil die Neigung der Galerie nach innen abfällt und du gegen die Mauer gedrückt wirst. Aber auf der anderen Kreishälfte fällt die Neigung nach außen. Ein unbedachter Schritt, und du fliegst unaufhaltsam abwärts.

Weltweit sind alle hohen Gebäude bereits seit längerer Zeit mit geeigneten Barrieren gesichert. Es bleibt abzuwarten, wann und wie solches mit der Galerie geschehen wird. Ängstlichen Gemütern sei zur Beruhigung gesagt, dass die obere Plattform des Turmes schon jetzt mit einem Geländer gesichert ist. Die Glocken kannst du dir aus der Nähe anschauen, ohne dich in Lebensgefahr begeben zu müssen.

Der Blick reicht von hier oben weit ins Land hinaus. Die eigentlich interessanten Objekte aber sind die blendend weißen Dächer des Doms und des Baptisteriums sowie die Säule, auf der die Wölfin mit den saugenden Begründern des römischen Weltreiches ruht.

Diese Lupa[2] ist eine Kopie. Das Original steht in Rom im Kapitolinischen Museum. Jede Stadt, die etwas auf sich hält, besitzt Kopien bekannter Kunstwerke, die sie auf öffentlichen Plätzen oder in Museen aufstellt.

Nachdem wir alles gründlich in Augenschein genommen haben, leiten wir den Abstieg ein. Es ist ein mühevolles Schwimmen gegen den Strom. Auf der schmalen Treppe kommen uns die Touristen entgegen, deren Anzahl inzwischen inflationär angewachsen ist. Das Gedränge auf engstem Raum erinnert mich an den Vergleich mit der berühmten Sardinendose. Schwer zu sagen, was unangenehmer ist: das Geschiebe auf der im Inneren liegenden Treppe oder die Gluthitze, die uns unten beim Wiedereintritt in die Außenwelt empfängt.

Wir retten uns erst einmal in den Schatten des Domes. Nach einer längeren Erholungspause trauen wir uns dann hervor, um seine berühmten Bronzetüren zu bestaunen. Für meinen Geschmack ist das ein zu wirres Durcheinander. Aber *de gustibus non disputandem esse*[3]. Einige Figuren glänzen, als seien sie aus-

---

[2] *Lupa Capitolina* (lat.) (Kapitolinische Wölfin): Bronzeskulptur einer Wölfin, die die mythischen Gründer Roms, Romulus und Remus, säugt.

[3] *de gustibus non disputandem esse* (lat.): Über Geschmack lässt sich nicht streiten.

dauernd mit *Sidol* gewienert. Die konnten aber nie Patina ansetzen, weil gläubige Katholiken sie ständig abküssen.

Zum guten Schluss werfen wir noch einen Blick in die Taufkapelle, in deren Mitte ein großes Marmorbecken steht. Aus dem Stein gehauene Blumen umkränzen das Bassin, in dem die feierliche Taufhandlung seit Jahrhunderten vorgenommen wird. 1153 erbaute Diotisalvi[4] das Baptisterium. Mehr als 24 Generationen haben hier das Sakrament der Taufe erhalten. Wie viele Tausend *bambini* mögen in diesen 800 Jahren das nasse Kreuz auf ihrer Stirn gespürt haben. An diesem Stein stehend glaubt man die Macht des Glaubens zu spüren, der in alle Ewigkeit Bestand zu haben scheint. Mein Verstand sagt mir allerdings, dass dieser Glaube seine Halbwertszeit bereits überschritten hat.

Gedankenversunken kehren wir zum Auto zurück und treten die Weiterreise nach Süden an. Pisa lassen wir schnell hinter uns. Vor uns liegt das weite Tal des Arno. Nach kurzer Zeit erreichen wir das am Mittelmeer liegende kleine Städtchen Livorno. Da wir danach erst wieder bei Napoli an die Küste kommen werden, ist dieser Aufenthalt für längere Zeit die letzte Gelegenheit für einen Sprung ins Wasser. Wir nehmen sie wahr, obwohl der Strand ziemlich dreckig ist. Nach dem Bad verspeisen wir Tomatensalat und Wurstbrote. Niemand verspürt ein Verlangen nach einer heißen Mahlzeit.

Weiter geht's. Die Toskana ist hier ein eintöniges, ebenes Land, auf dem Getreide angebaut wird. Wir bekommen stundenlang keine Dörfer und auf den Feldern kein Fleckchen Grün zu sehen. Die Bauern leben in Einzelgehöften. Nur wenige kleine Nester liegen am Weg. Uneingeschränktes Lob möchte ich dem für den Straßenbau zuständigen Planer aussprechen. Nicht nur für den guten Zustand der Straßen, sondern insbesondere dafür, dass er auf beiden Seiten hat Bäume pflanzen lassen. Immer abwechselnd einen großen und einen kleinen. Hier wird die Idee der Schatten spendenden Allee konsequent verwirklicht. Mehr als 200 Kilometer legen wir unter dem Schirm roter und weißer Blüten zurück. Die deutschen Straßenbauer verfolgen zurzeit

---

[4] Diotisalvi (12. Jahrhundert): italienischer Baumeister, in Pisa tätig.

leider das konträre Ziel und lassen alle Alleebäume fällen, weil jugendliche Raser mit ihren Autos dagegen brettern und sich reihenweise umbringen.

Wir kommen bis Civitavecchia, sozusagen kurz vor die Tore Roms. Es ist die erste größere Stadt, in die wir hineinfahren, seitdem wir Livorno verlassen haben. Wir blicken mit Wohlgefallen auf die in den Straßen promenierenden jungen Damen. Wir nehmen dem den Verkehr regelnden Polizisten, der uns an einer Kreuzung anhält, den Stopp auch gar nicht übel, weil er uns die Gelegenheit bietet, die Schönheiten Latiums von Nahem zu beäugen. Als der Polizist den Arm hebt, eine Drehung um 90° macht und den Verkehr freigibt, legt Eberhard den ersten Gang ein und gibt Gas. Doch sooft er auch auf das Gaspedal tritt, genauso oft geschieht nichts, der Motor heult nicht auf. Der Draht zwischen dem Gaspedal und der Drosselklappe am Vergaser ist gerissen. Ich muss Eberhard höchstes Lob aussprechen, weil er den Fehler sofort diagnostiziert und eine Behelfslösung findet, indem er an der Drosselklappe schraubt und den Anteil an Standgas erhöht. So kommen wir zwar nur langsam voran, müssen den Wagen aber auch nicht abschleppen lassen. Als wir in bergiges Gelände kommen, muss er noch einmal anhalten und am Vergaser einen höheren Anteil von Standgas einstellen. (Ein Tipp für den Wiederholungsfall: Er hätte auch den Handgasdraht an die Drosselklappe anschrauben können. Dann hätte er die Gasmenge sogar regeln können.)

Wir kriechen in die einbrechende Dunkelheit immer langsam voran. Am späten Abend taucht die Silhouette von Sankt Peter vor uns auf. Wir haben Roma mit letzter Kraft erreicht.

Wir fahren zur *Villa Glori,* die auf einem mit Pinien bestandenen Hügel im Norden der Stadt liegt. Der riesige Zeltplatz ist völlig überfüllt. Der an der Einfahrt stehende Platzwart zuckt mit den Achseln und meint, wir sollten versuchen, noch irgendwo einen freien Platz zu finden. Auf den Wegen ist das Zelten allerdings verboten. Nach längerem Suchen finden wir tatsächlich noch eine Lücke. In der Nachbarschaft einiger Franzosen lassen wir uns nieder.

Foto 15:   Der Dom und der Schiefe Turm von Pisa

Foto 16:   Das Baptisterium in Pisa

Rom 19.VIII.1953

Heute trennen sich unsere Wege. Es ist nicht nötig, dass wir zu viert zur Reparatur in die Werkstatt fahren. Rolf begleitet Eberhard dorthin, Dieter und ich marschieren *per pedes*[1] stadteinwärts. Unser Ziel ist die *Villa Borghese*, deren bedeutende Kunstschätze wir allerdings nicht zu sehen bekommen. Als wir in den Schatten der Bäume der prächtigen Parkanlage treten, meinen wir, auf deren Anblick verzichten zu können. Die Sonne hat uns auf unserem Fußmarsch ohne Sonnenschirm schon so zugesetzt, dass uns ein Sitzplatz auf einer Parkbank verlockender scheint, als der Anblick all der Schätze, die seit dem Scipione Cafarelli[2] dort angehäuft worden sind.

Einer aus diesem Geschlecht der Borghese, Camillo Filippo[3], ist ein besonders anpassungsfähiger und geschäftstüchtiger Vertreter gewesen. Als Napoleon Bonaparte[4] auf dem Höhepunkt seiner Macht steht, heiratet Camillo Filippo eine Schwester des Korsen, um besonders enge Beziehungen zum französischen Herrscherhaus zu knüpfen. Nach dem Sturz des kaiserlichen Schwagers trennt er sich schnell von seiner Gemahlin. Nennt man ihn deshalb den bedeutendsten Borghese? Oder weil er einen großen Teil seiner Kunstschätze an Napoleon verscherbelte? Der bezahlte damals acht Millionen Franc für den „Borghesischen Fechter"[5] und noch Hunderte andere Werke, die seitdem im Louvre stehen.

Uns ist das alles ziemlich egal. Wir schleppen uns zur inmitten des Parks gelegenen Reitbahn, wo wir uns auf die nächstbeste

---

[1] *per pedes* (lat.): zu Fuß.
[2] Scipione Cafarelli Borghese (1577 bis 1633): italienischer Kardinal und Kunstsammler, der die berühmte Gemäldesammlung *Galleria Borghese* begründete, die sich in der von ihm errichteten *Villa Borghese* befindet.
[3] Camillo Filippo Ludovico Borghese (1775 bis 1832), Fürst von Sulmona und Rossano, Herzog von Guastalla: Er heiratete 1803 Napoleon Bonapartes Schwester Pauline Bonaparte.
[4] Napoleon Bonaparte, Napoleon I. als Kaiser (1769 bis 1821): Erster Konsul der Französischen Republik, Kaiser der Franzosen.
[5] Borghesischer Fechter: lebensgroße Marmorstatue eines Kriegers, die um 100 v.u.Z. datiert, gefunden 1611 bei Ausgrabungen im Auftrag von Scipione Borghese, die 1807 von Camillo Borghese an Napoleon verkauft wurde und im Louvre steht.

Bank niederlassen. Hier trifft sich noch heute der Adel, wenn die edelsten Pferde über den schwierigen Parcours rennen. Heute ist ein Kamerateam vor Ort und filmt irgendeine Szene.

Nach einer längeren Erholungspause erheben wir uns und starten eine Stadtbesichtigung, was bei diesen hochsommerlichen Temperaturen eigentlich völliger Blödsinn ist. Wir beginnen auf der *Terrazza del Pineio*. Von dort steigen wir die Treppe bis zur *Piazza del Popolo* hinab. In der Mitte des elliptischen Platzes ist ein Obelisk[6] aufgestellt, den Augustus ursprünglich aus Heliopolis geholt und auf dem Marsfeld hatte aufstellen lassen. Wie alle in Rom stehenden Obelisken ist auch dieser einmal umgestürzt. Am Nordende des Platzes befindet sich die *Porta del Popolo*, durch die man zur *Villa Glori* gelangt. Vom Südende führt der Corso durch die Stadt bis zum *Palazzo di Venezia*.

Es ist zwölf Uhr. Die Sonne steht im Zenit und bringt die Luft zum Glühen. Alle Plätze und Gassen sind menschenleer. Ringsum kein Schatten. Der Gang über das heiße Pflaster lässt unsere Körperflüssigkeit verdampfen.

Endlich erreichen wir den Corso und den Schatten. Sämtliche Sehenswürdigkeiten der Stadt können uns gestohlen bleiben. Viele Geschäfte in dieser verhältnismäßig engen Straße sind in den heißen Sommermonaten ganz geschlossen, die Rollgitter sind herabgelassen. Der Rest gönnt sich eine lange Mittagspause. Von Eleganz und Luxus ist nichts zu sehen. Die Fassaden der Häuser sind alles andere als schön. Der vielgerühmte Corso ist in dieser Jahreszeit eine Enttäuschung.

Erst am *Palazzo Sciarra* haben wir uns so weit regeneriert und sehen uns in der Lage, der Stadt den ihr gebührenden Tribut zu zollen. Wir biegen nach links ab und stehen nach wenigen Schritten vor der *Fontana di Trevi*, dem riesigen Brunnen, der in den Jahren 1732–1762 von Nicola Salvi[7] an die Wand des Palastes des Her-

[6] Obelisco di Montecitorio: altägyptischer Obelisk, errichtet unter Pharao Psammetich II. im 6. Jahrhundert v. u. Z. in Heliopolis und zwischen 12 und 10 v. u. Z. von Augustus als Gnomon (senkrecht stehender Stab zur Bestimmung der Sonnenhöhe) im *Solarium Augusti* auf dem *Campus Martius* aufgestellt.

[7] Nicola Salvi (1697 bis 1751): italienischer Architekt, der ab 1732 für den Neu-

zogs von Poli angebaut wurde. Er nimmt die gesamte Front ein. Zahlreiche anmutige Steinfiguren liegen und stehen im Becken und lassen sich von den überall austretenden Wasserstrahlen bespritzen. Hier vergnügen sich die ausgelassen plantschenden Gassenjungen, die ständig auf der Flucht vor der Polizei sind, nach deren Meinung der Brunnen kein Spielplatz ist. Wie oft mögen die gestrengen Vertreter der Obrigkeit in den zweihundert Jahren, die die Fontana steht, die Lausbuben schon vertrieben haben?

Wir werfen pflichtschuldigst eine Münze in den Brunnen und verlassen, merklich von der Gischt erfrischt, den Brunnen in Richtung *Piazza Venezia*. Der Himmel bewölkt sich, die Sonnenstrahlen verlieren etwas von ihrer sengenden Kraft, was uns ermutigt, auf den Platz hinauszutreten.

Auf der rechten Seite steht der im Renaissancestil erbaute *Palazzo di Venezia*. Beherrscht wird das Bild aber von dem Ehrenmal, welches die Stadt Rom Viktor Emanuel II.[8], dem Begründer des italienischen Königreiches gewidmet hat.[9] Es ist ein weißer Steinklotz, den man auf riesigen Treppen besteigen kann. Diese Treppen dominieren, sodass man schon sagen kann, das ganze Ehrenmal besteht aus einer Treppe. Ganz oben sitzt zu Pferde besagter Emanuel Numero Zwei. Ganz unten, nur gegen Eintrittsgeld zu besichtigen, liegt der Unbekannte Soldat. Ich nehme an, „er liegt", obwohl ich nicht in den Katakomben gewesen bin und mich davon überzeugt habe. – In mir erweckt das Bauwerk keine Gefühle der Ehrfurcht oder eine Erinnerung. Ich finde das Monument protzig und peinlich. Ich bedaure die beiden Bersaglieri, die in dieser Hitze auf diesem Treppenungetüm Wache schieben müssen.

Die stummen Zeugen wahrer Größe und Bedeutung Roms stehen an anderen Plätzen in dem Gebiet zwischen den beiden Hügeln Palatin und Capitol. Mussolini ließ auf diesem geschichtsträchtigen Boden eine Straße bauen, die die *Piazza Venezia* mit dem

bau des Trevi-Brunnens verantwortlich war, dessen Fertigstellung er nicht erlebte.

[8] Viktor Emanuel II. (1820 bis 1878): 1849 bis 1861 König von Sardinien-Piemont, ab dem 17. März 1861 König von Italien.

[9] Monumento Nazionale a Vittorio Emanuele II: Nationaldenkmal für Viktor Emanuel II. in Rom.

Kolosseum verbindet, die *Via die Fori Imperali*. Ein in eine Säule gehauener Text berichtet von der Baumaßnahme. Das Wort „fascista" (faschistisch) ist zwar übertüncht worden, aber der restliche Text ist lesbar. Der Bauherr hat an beiden Seiten der neuen Straße die Statuen der großen Männer der ruhmreichen Vergangenheit aufstellen lassen. Gleich am Anfang begegne ich Gaius Julius Caesar[10], nehme Haltung an und memoriere aus seinen *Commentarii de bello Gallico*: *Gallia est omnis divisa in partes tres, quarum unam incolunt Belgae* ...[11]. Schräg gegenüber steht die Trajanssäule. Daneben liegen weitere geborstene Reste aus den Foren des Trajan und des Augustus.

Der Mittelpunkt der alten Stadt, das *Forum Romanum*, erstreckt sich rechts der Straße bis zum *Colosseum*. Den Besuch verschieben wir auf später. Jetzt streben wir erst einmal zu unserem verabredeten Treffpunkt am Kolosseum, wo Eberhard und Rolf zu uns stoßen wollen. Am letzten Drittel der Wegstrecke halten wir noch einmal inne. Hier stehen drei riesige in Beton gegossene Tafeln, die die Ausdehnung des römischen Reiches in den Epochen des Beginns, der Eroberung des Mittelmeerraumes und der größten Ausdehnung darstellen, in der die Legionäre in England, Karthago, Spanien, Ägypten und Persien standen. Ihre Taten waren in der Tat bewundernswert gewesen.

Unsere beiden Mitstreiter sind nicht am verabredeten Ort zur verabredeten Zeit erschienen. Die Pünktlichkeit scheint mit den Monarchen auszusterben. Wir warten eine Zeit lang. Sollen wir uns deswegen aufregen? Nein, wir beschließen, weiter unsere eigenen Wege zu gehen.

---

[10] Gaius Iulius Caesar (dt. Gaius Julius Cäsar) (100 v.u.Z. bis 44 v.u.Z.): römischer Staatsmann und Feldherr, verantwortlich für die Wandlung der römischen Republik in ein Prinzipat. Von dem Konsul Cäsar stammt der berühmte Ausspruch *veni vidi vici* (dt.: *Ich kam, ich sah, ich siegte*), nachdem er nach nur fünftägigem Feldzug gegen Pharnakes II. diesen schlug. Er ist Verfasser des *Commentarii de bello Gallico* (dt.: *Bericht über den Gallischen Krieg*).

[11] *Commentarii de bello Gallico: Gallia est omnis divisa in partes tres, quarum unam incolunt Belgae aliam Aquitani, tertiam, qui ipsorum lingua Celtae, nostra Galli appellantur.* ... (lat.): *Bericht über den Gallischen Krieg: Gallien ist insgesamt in drei Teile geteilt, deren einen die Belger bewohnen, den anderen die Aquitaner, den dritten die, die in eigener Sprache Kelten, in unserer Gallier, genannt werden.* ...

Während ich einem Eisverkäufer zusehe, der kreuz und quer über die Straße radelt, unbekümmert zwischen den zahlreichen Autos, die um das Kolosseum herumrasen, kommt mir die Frage in den Sinn, ob Gemeinsamkeiten zwischen dem flavischen Amphitheater, in dessen unterstem Säulengang wir jetzt stehen, und unseren heutigen Stadien bestehen.

Die römischen Bürger forderten einst vom Staat *panem et circenses*[12], Brot und Spiele. Die Versorgung mit Lebensmitteln und die Befriedigung des Spieltriebs waren auch damals schon uralte immanente menschliche Grundbedürfnisse.

Der Kaiser Vespasian[13] begann mit dem Bau des wegen seiner riesengroßen (=*colossaeus*) Ausmaße *Colosseum* genannten Gebäudes, das erst von seinem Sohn Titus[14] fertiggestellt wurde. Das vierstöckige Stadion soll 87.000 Personen Platz geboten haben.

Auch nach fast 2000 Jahren hat die Ruine, die den Plebejern zeitweise als Steinbruch diente, nichts von ihrer kolossalen Größe eingebüßt.

Das Gebäude war der Austragungsort von der Unterhaltung dienenden Spielen. Die Spielregeln waren exzessiv. Damals mussten die Gladiatoren gegen wilde Tiere oder ihresgleichen antreten. Gefiel dem Herrscher die Vorstellung, schmiss er dem Gladiator einen Beutel Goldmünzen in die Arena. Gefiel sie ihm nicht, hielt er seinen Daumen nach unten, was den Tod des Gladiators bedeuten konnte.

Ich denke, es gibt durchaus Entsprechungen zwischen dem flavischen Amphitheater, vor dem wir im Augenblick warten, und unseren heutigen Arenen sowohl hinsichtlich ihrer Abmessun-

---

[12] *panem et circenses* (lat.): Der Ausdruck *Brot und (Zirkus-)Spiele* stammt von dem römischen Satirendichter Decimus Iunius Iuvenalis (dt. Iuvenal oder Juvenal) (ungef. 1./2. Jahrhundert).

[13] Vespasian (Titus Flavius Vespasianus) (9 bis 79): römischer Kaiser (Imperator Caesar Vespasianus Augustus) ab dem 1. Juli 69, der den Bau des Amphitheatrum Flavium zwischen 72 und 80 initiierte.

[14] Titus (Titus Flavius Vespasianus) (39 bis 81): römischer Kaiser (Imperator Titus Caesar divi Vespasiani filius Vespasianus Augustus), ab dem 24. Juni 79. Er hatte als Feldherr den Jüdischen Krieg beendet und war dafür mit einem Triumphbogen geehrt worden.

gen, der Größenordnung der Besucherzahlen als auch der Emotionen der Zuschauer. Nur die Gagen, die die heutigen Akteure ohne Gefahr für Leib und Seele einnehmen, sind unvergleichbar exzessiv.

Ansonsten hat sich bis heute wenig geändert. Noch immer geraten die Besucher, wenn sie in Massen auftreten, außer Rand und Band, drücken ihre Begeisterung durch laute Gesänge und schwingende Bewegungen aus. Auch soll es hin und wieder vorkommen, dass missliebige Zuschauer der Gegenpartei tätlich angegriffen werden.

Ich werde unvermittelt aus meinen Gedanken herausgerissen durch Dieters klagende Bemerkung, er habe Hunger. Da erklingt er wieder, der Ruf nach *panem*, den Dieter noch ergänzt um den Wunsch nach Fleisch. So unbescheiden waren die alten Römer nicht! Wir suchen eine zwischen dem Kolosseum und *S. Giovanni in Laterano*[15] gelegene bescheidene Trattoria auf, wo ich Dieter dabei zusehe, wie er sich genüsslich seine Abendmahlzeit einverleibt. Ich verspüre wegen der noch immer anhaltenden großen Hitze noch keinen Appetit.

Nachdem Dieters Hunger gestillt ist, brechen wir auf und gehen weiter in südlicher Richtung, bis wir auf die von Aurelian[16] im dritten nachchristlichen Jahrhundert erbaute Stadtmauer stoßen. Von ihr sind, im Gegensatz zu der älteren von Servius gebauten Mauer, noch große Teile gut erhalten. Aus der gleichen Zeit stammen auch die Thermen, die Caracalla[17] hier fertigstellen ließ. Der ausgedehnte Komplex, der fast zweitausend Menschen die Gelegenheit zum Baden bot, ist zwar mit heutigen Badeanstalten nicht zu vergleichen, weil er weder über Schwimmbecken noch Rutschen und Sprungtürme verfügte. Aber die Versorgung mit heißem Wasser erfolgte auf sehr hohem Niveau, die einen Vergleich mit der heutigen Technik nicht hätte scheuen müssen.

[15] *Basilica San Giovanni in Laterano*: Kathedrale und Papstbasilika in Rom.
[16] Aurelian (Lucius Domitius Aurelianus) (214 bis 275): 270 bis 275 römischer Kaiser. Er begann mit dem Bau der nach ihm benannten Stadtmauer von Rom.
[17] Caracalla (Lucius Septimius Bassianus) (188 bis 217): 211 bis 217 römischer Kaiser.

Ich begebe mich auf einen Rundgang durch die Ruine und versetze mich mit ein wenig Fantasie in die Lage der alten Römer.

Als Badegast entrichte ich im Vorraum der Therme das Eintrittsgeld und entledige mich, beginnend mit der Toga, in einem Aus- und Ankleideraum meiner Kleider. Von diesem Raum aus führen Türen in verschiedene Säle, deren Decken und Wände mit Mosaiken und Stuckarbeiten verziert sind. – Dieser Wandschmuck ist nicht mehr vorhanden. Unsere heutigen Badeanstalten mit ihren kahlen, weiß gefliesten Wänden wirken im Vergleich dazu armselig. – Zur Linken liegt ein Raum mit einer großen Kuppel, in dem sich ein Bassin mit kaltem Wasser befindet. Dieser Raum, *frigidarium*[18] genannt, ist fast so groß wie unsere heutigen Hallenbäder. Das Bassin hat die Form einer flachen runden Schale.

Es gibt einen weiteren rechteckigen, *calidarium*[19] genannten Saal, auf der gegenüberliegenden Seite, in dem mit warmem Wasser gefüllte Wannen aufgestellt sind. Hier treffe ich mich gern mit anderen Römern zum Plausch. Im Anschluss an die Gemeinschaftsbaderäume finde ich die Einzelbäder und dahinter einen großen Garten.

In diesem Garten hat man heute ein Gestühl aufgestellt. Die Ruinen der Therme dienen als Kulisse für die in den Sommermonaten allabendlich stattfindenden Opernaufführungen. Tagsüber vergnügen sich die Bühnenarbeiter in den Kostümen der Darsteller zwischen Frigidarium und Calidarium. Ich beobachte sie heiteren Sinnes, wie sie sich selbst aus kindlicher Freude am Spiel eine Vorstellung geben. Roberto Rosselini[20] hat einmal gesagt, alle Italiener seien Schauspieler, und die schlechtesten stünden auf den Bühnen des Landes.[21]

---

[18] Frigidarium (*frigidus* (lat.): kalt): Abkühlraum der Thermen.

[19] Caldarium (auch: Calidarium) (*caldus, calidus* (lat.): warm, heiß): mit Hypokausten geheizter Raum, der eine Wärme von 40 bis 50 °C abgibt und Teil der Thermen ist.

[20] Roberto Gastone Zeffiro Rossellini (1906 bis 1977): italienischer Filmregisseur.

[21] „Alle Italiener sind Schauspieler, die Schauspieler sind oft die schlechtesten." Zitat von Roberto Rossellini.

Der Vollständigkeit halber sei erwähnt, dass noch eine zweite, von Diocletian[22] erbaute Therme existiert, die wir aber nicht besucht haben.

Nach einer kleinen *siesta* brechen Dieter und ich in Richtung *Circus Maximus* auf, von dessen Anlage heute so gut wie nichts mehr zu sehen ist. Wir finden eine große mit Unkraut bestandene Fläche vor, an dessen Rand wir etwas enttäuscht entlanglatschen. Die letzten Wagenrennen haben hier unter Totilas[23], dem Goten, stattgefunden. Seitdem ist die Rennbahn, die einmal Raum für 385.000 Menschen geboten haben soll, immer weiter verfallen. Der Obelisk, den Augustus hier ursprünglich hat aufstellen lassen, haben wir bereits heute Vormittag auf der *Piazza del Popolo* gesehen.

Ich bin erleichtert, als wir das Platzende erreichen. Die Lauferei hat mich recht hungrig gemacht, und es wird höchste Zeit, dass wir eine Trattoria finden. Am Fuße des Palatin ist das gar nicht so einfach. Wir müssen längere Zeit suchen, bis wir eine gefunden haben. Und noch länger muss ich warten, bis die bestellte Speise vor mir auf dem Tisch steht. Der Vorteil ist, dass am späten Nachmittag die Sonne nicht mehr so stark brennt. Ich verspeise die Mahlzeit mit großem Appetit.

Anschließend wenden wir uns dem Tiber zu, wo an der *Piazza Bocca della Verità* gleich drei bedeutende Bauwerke zu besichtigen sind. Im Schatten einiger Bäume setzen wir uns auf den Rand eines Springbrunnens und schauen hinüber zur *Santa Maria in Cosmedin*. Sie ist eine der ältesten Kirchen Roms, erbaut auf den Resten heidnischer Tempel aus dem sechsten vorchristlichen Jahrhundert.

Nach einer Kehrtwendung erblicken wir im Norden des Platzes den *Tempel der Vesta* und den *Tempio della Fortuna Virile*. Zeugen aus zwei verschiedenen Epochen und zwei unterschiedlichen architektonischen Stilrichtungen. Auf der einen Seite Zeugen der

---

[22] Diocletian (Gaius Aurelius Valerius Diocletianus) (zwischen 236 und 245 bis um 312): römischer Kaiser von 284 bis 305.
[23] Totila (auch Baduila) (N.N. bis 552): ab 542 rex bzw. König der Ostgoten. Er nahm Neapel 543 und Rom 546 ein.

hellenistischen Baukunst, schlichte Mauern und Säulen, klare Linien. Auf der anderen Seite des Platzes ein Gebäude aus dem achten Jahrhundert. Ein Durcheinander und Nebeneinander von Dächern und Mauern, die von kleinen Rundbogenfenstern durchbrochen werden. Inmitten dieses Chaos steht ein schlichter quadratscher, auf jegliches Beiwerk verzichtender Glockenturm, dessen Spitze von einer flachen Pyramide gekrönt wird.

Wir reißen uns los und gehen zum Fluss hinüber, der hier die Tiber-Insel umfließt, und noch immer nicht müde, zurück zum Kolosseum.

Unterwegs spricht uns eine Französin an, eine mit einem Reiseführer bewaffnete ältere Dame, die die Gegend systematisch nach Spuren des antiken Roms absucht. Sie hat sich an die Nordseite des Forums gestellt, zu Füßen des capitolinischen Hügels, von wo sie einen guten Überblick über die ehemals sumpfige Niederung hat. Die *Curia* und den Triumphbogen des Severus hat sie offenbar selbst gefunden, die sind nicht zu übersehen. Von uns möchte sie wissen, wo die *Templi Concordiae*, *Vespasiani* und *Saturni* und der Kerker liegen. Die kann auch ich ihr leider nicht zeigen. Von diesen Gebäuden sind nur noch die Grundmauern vorhanden. Zum anderen hat Mussolini in diesem Teil des Forums, in dem einst diese Tempel lagen, die Straße bauen lassen, auf der wir uns gerade befinden. Mit dieser Auskunft lassen wir die gute Frau zurück, nicht ohne mich bei ihr für mein schlechtes Französisch entschuldigt zu haben.

Wir wollten den Besuch des Forums eigentlich gemeinsam mit Eberhard und Rolf absolvieren, doch da die beiden immer noch nicht aufgetaucht sind, verschieben wir das auf später und gehen nun zum in makellosem Weiß strahlenden Triumphbogen des Konstantin[24] hinüber. Meines Wissens ist er der größte aller römischen Triumphbögen. Eigentlich sind sie sich ja alle ähnlich. Dass einige seiner Reliefs ursprünglich vom Trajansbogen stammten, war ein damals üblicher Brauch.

---

[24] Konstantinsbogen: dreitoriger Triumphbogen zu Ehren Kaiser Konstantins des Großen (zw. 270 und 288 bis 337) und seines Sieges im Jahre 312 in der Schlacht an der Milvischen Brücke, eingeweiht 315.

Nachdem wir eine Coca-Cola getrunken haben, machen wir uns auf den Heimweg. Auf dem Corso geht es jetzt schon etwas lebhafter zu, besonders die Gänge der *Galeria Colonna* sind bereits angefüllt mit schreienden und wild gestikulierenden Männern. Hier lernen wir die Stadt von einer ganz anderen Seite kennen.

Die zweite Hälfte des Rückweges legen wir mit dem Autobus zurück. Der Tag war lang und anstrengend, und entsprechend erschöpft erreichen wir die *Villa Glori*, über die gerade die Dunkelheit hereinbricht. Unsere beiden Freunde sind offensichtlich schlecht gelaunt. Sie haben den ganzen Tag in der Reparaturwerkstatt zugebracht und sind erst vor Kurzem zurückgekehrt. Im Augenblick unterhalten sie sich mit einem Ehepaar aus Düsseldorf, was auch nicht zur Verbesserung der Stimmung beiträgt. Diese Leute gehören, wie ich sehr schnell bemerke, zu einer höchst unangenehmen Sorte Mensch, zu Aufschneidern und Besserwissern. Dass Eberhard und Rolf sich so lange ihr Gequatsche anhören, ist ihre eigene Schuld. Ich unterbreche ihren Redefluss mit einer höflichen Anmerkung, und noch bevor das Wasser für den Kaffee kocht, sind wir sie los.

Wohlig hingestreckt auf Kissen und Luftmatratzen nehmen wir das Abendessen ein. Überall im Pinienhain klappert um diese Stunde das Geschirr. Aus allen Himmelsrichtungen wehen Wortfetzen vieler europäischer Sprachen herüber. Während der Körper von den Strapazen des heutigen Tages total erschöpft darniederliegt, nimmt das Ohr hellwach alle diese über den Zeltplatz wabernden Geräusche auf. Es ist ein rücksichtsvoll gedämpftes Murmeln von Mitmenschen, von denen sich im Straßenverkehr einige als rücksichtslose Auto- und Motorradfahrer benehmen. Das stimmt versöhnlich.

Ich genieße diese entspannte Situation unter dem südlichen Sternenhimmel, regungslos auf einer mit Marmelade beschmierten Zeltbahn liegend. Für einen Augenblick steigt in mir die Vorstellung auf, solche meditativen Pausen öfter in meinem hektischen Alltag Einzug halten zu lassen. Eine Idee, die ich wohl meinen müden Beinen verdanke. Denn kaum hat sich mein Körper neu belebt, verspüre ich den Wunsch nach einem abendlichen Bummel durch die Stadt. Meine Kumpane stimmen dem Vorschlag begeistert zu. Los geht's.

Wir landen auf dem *Portici de Esedra*, einem Platz in der Nähe des Hauptbahnhofes. Unter den Arkaden, die die Häuser auf der einen Seite des Platzes schmücken, sitzt vor einem Kaffeehaus, das *Grande Italia* heißt, eine Musikkapelle. Für meine Begriffe ist das ein merkwürdiger Name für ein Kaffeehaus. In Deutschland käme doch niemand auf die Idee, sein Café auf den Namen Großdeutschland zu taufen. Bevor wir uns niederlassen, schauen wir auf der Karte nach, ob das Wörtchen *grande* uns dort bei den Preisen begegnet. Nun, ganz billig ist das hier nicht. Es liegt an der Grenze dessen, was wir uns leisten können. Wir nehmen Platz an einem der noch unbesetzten Tische, die hier in großer Zahl unter freiem Himmel aufgestellt sind.

Ich werde vom Verhalten der Italiener überrascht. Alle sitzen ruhig auf ihren Stühlen, und als um Mitternacht die Musiker ihre Instrumente einpacken, stehen alle auf und gehen nach Hause. Wir sind auch sonst noch mit keinem Italiener ins Gespräch gekommen. Von den Südspaniern bin ich anderes gewohnt. Rolf und ich haben bereits 1951 eine vierwöchige Spanienreise unternommen. Die andalusische Spezies wären nicht ruhig auf den Stühlen sitzen geblieben, hätte Kontakt mit uns aufgenommen und nach Mitternacht auch ohne Musik weiter den Flamenco getanzt. Im Verhalten der beiden romanischen Völker existieren offensichtlich deutliche Unterschiede.

Foto 17:   Der Triumphbogen zu Ehren des
             Kaisers Titus in Rom

Rom 20.VIII.1953

An diesem Donnerstagmorgen rasiere ich meinen Bart ab. Es sind Stoppeln, die den Namen Bart noch gar nicht verdient haben. Ein Dutzend Tage konnte er unbeschnitten wachsen, nicht genug Zeit, um damit dem Gesicht einen würdigen Rahmen zu verleihen, aber Zeit genug, um zu erkennen, dass einige Haare nicht in die gewünschte Richtung sprießen. Dann lieber wieder die tägliche Rasur, statt eine Bartbinde anlegen zu müssen. Unseren umliegenden Zeltnachbarn bleibt die Veränderung nicht unbemerkt, sie gerät zur Gaudi. Für die sind Rolf und ich sowieso zwei nicht ganz normale Gestalten, weil wir nicht im Zelt, sondern davor schlafen. Wären wir Frühaufsteher, würde das niemandem aufgefallen sein. Aber da wir ausgesprochene Langschläfer sind, schlafen wir noch, halb unter verwehtem Laub versteckt, die Häupter auf Kissen in blütenweißen Bezügen gebettet, wenn die Nachbarn um uns herumwuseln. Wir beiden sind keine bekennenden Camper, sondern Exoten in diesem Milieu.

Heute steht der Besuch der Vatikanstadt auf der Agenda, der Wohnsitz des Papstes. Dieser Sanctissimus Pater ist unfehlbar, wenn er *ex cathedra* spricht, was ich von mir nicht behaupten kann. Er würde uns sicher keine Audienz gewähren. Wir haben ehrlich gesagt auch gar nicht versucht, einen Termin zu bekommen. Unser Besuch gilt nicht ihm, sondern dem Dom und den Museen.

Die Stadt Rom verdankt der katholischen Kirche, dass sie nach dem Zusammenbruch des römischen Imperiums nicht in Bedeutungslosigkeit verfiel, sondern dank der Christen, die sie am Anfang noch verbrannt hatte, sich zum Sitz einer mächtigen Kurie entwickelte, die in fast allen Erdteilen bis heute eine herausragende Rolle spielt. Im Jahr 410 wurde Rom von den Westgoten unter Alarich[1] völlig zerstört. Aber danach verfestigte sich die Aufwärtsentwicklung. Im Jahr 1077 konnte der Papst es sich erlauben, den Deutschen Kaiser Heinrich IV.[2] zu demütigen

[1] Alarich I. (um 370 bis 410): Heer-König der Westgoten. 410 Eroberung und Plünderung Roms.
[2] Heinrich IV. (1050 bis 1106): Mitkönig ab 1053, römisch-deutscher König ab

und zu einem Bußgang nach Canossa zu zitieren. Von 1309 bis 1376 gab es noch einmal eine ärgerliche Unterbrechung, als die französische Kleinstadt Avignon Sitz von sieben Heiligen Vätern war. Aber davon mal abgesehen, steht der päpstliche Stuhl derzeit noch fest in Rom und wird dort auch noch ein paar weitere Jahrhunderte dort stehen. Keine andere Dynastie kann auf 270 gekrönte Häupter zurückblicken. Insofern darf sich Rom zu Recht mit dem Titel Ewige Stadt schmücken.

Nach einer Fahrt entlang des Tibers, an der Engelsburg vorbei, erreichen wir den Petersplatz, parken den Wagen auf einem schattigen Plätzchen und schreiten in Richtung Dom munter voran. Der Zugang zu den Museen befindet sich aber nicht hier, wie ein Wegweiser zeigt, sondern an der Nordseite, sozusagen um die Ecke. Nun ist der Vatikan zwar der kleinste Staat, besitzt aber den größten Palast der Welt, und entsprechend weit ist der schattenlose Weg zu den Museen. Wir brauchen ein gutes Weilchen, bis wir zu dem von einem mit einer Hellebarde bewaffneten Schweizer bewachten Eingangstor des Stadtstaates gelangen. Der mit einer geschlitzten, farbigen Pluderhose und einem Barett bekleidete Mann erklärt uns, dass wir noch nicht ein Viertel des Weges zurückgelegt haben. Seine Auskunft erfolgt in deutscher Sprache und ist wenig ermutigend. Dass die Ansprache in unserer Muttersprache erfolgt, überrascht uns nur im ersten Moment. Im zweiten Moment ist uns klar, warum das so ist. Die Palastgarde des Vatikans besteht seit einigen Jahrhunderten aus Schweizern, die sich aus den Urkantonen Uri, Schwyz und Unterwalden rekrutieren. Der zweite Satz, dass wir den größeren Teil des Weges noch vor uns haben, stimmt uns nicht gerade froh, weil das bedeutet, weiter den sengenden Strahlen der Sonne ausgesetzt zu sein.

Endlich haben wir das erste Museum erreicht. Wir wollen frohgemut unsere Eintrittskarten lösen und erleben die nächste Überraschung. Ein Deutsch sprechender Sittenwächter hält Eberhard zurück, kontrolliert die Länge seiner Hosenbeine und befindet, dass zu viel behaartes, nacktes Bein zu sehen ist. Wegen dieser

---

1056 und Kaiser von 1084 bis zum 31. Dezember 1105.

Obszönität verwehrt er ihm den Zutritt. Wir reden Eberhard gut zu, den umgekrempelten Stoff um eine oder zwei Breiten hinunterzuschlagen. Aber das will er nicht. Er ist vermutlich gar nicht so unglücklich über das Verdikt, weil ihm längere Märsche eh ein Horror sind.

Eigentlich hätten wir das Haus unter dem Absingen schmutziger Lieder verlassen sollen. Aber weil der Cerberus Dieter passieren lässt, obwohl dessen Hosenbeine nur ein paar Millimeter länger sind, beschließen wir, das Museum zu betreten.

Im Treppenhaus erlebe ich die nächste Überraschung. Ich hatte hinter den alten Mauern eine ebenso alte, enge Treppe erwartet. Was ich vorfinde, ist eine moderne, breite Wendeltreppe mit kleinen Stufenstößen, die sehr bequem zu besteigen ist. Alles befindet sich in einem sehr gepflegten Zustand. Gleiches gilt auch für die anderen Gebäude, die wir im Laufe des Tages noch betreten werden.

Wir treten ein in eine Welt von Sammlungen stummer Zeugen aus vergangenen Zeiten: Aus dem Stein gehauene Leiber und gipserne Abgüsse, eingemottete Teppiche, auf von Würmern durchbohrtem Holz gemalte Heilige, in Leder gebundene dicke Wälzer. Die Vielzahl der Objekte ist erdrückend. Wir besitzen auf keinem dieser Gebiete ein in die Tiefe gehendes Fachwissen, werden von der Menge des Dargebotenen erschlagen, laufen durch alle Räume hindurch, ohne am Ende einen Gewinn davonzutragen.

Wir sehen zuerst Gobelins, kleine Gobelins, große Gobelins. In mehreren langen Gängen sind die Wände mit Gobelins dicht an dicht behangen. Papst Leo XIII.[3] hat sie alle hierherschaffen lassen. Es sind kunsthistorisch wertvolle Stücke darunter. Sie zeigen Jesus in allen Phasen seines kurzen Lebens, insbesondere der letzten Tage. So etwas ermüdet. Wir schauen nur noch nach dem Herstellungsort. Es ist in fast allen Fällen Brüssel.

Dankbar stürzen wir uns auf die Glasvitrinen, deren Inhalt Abwechslung in das Teppicheinerlei bringt. Unter den vielen

---

[3] Leo XIII. (Vincenzo Gioacchino Pecci) (1810 bis 1903): der 256. Papst der römisch-katholischen Kirche von 1878 bis 1903.

Döschen und anderem Krimskrams, den die Päpste geschenkt bekamen, entdecke ich den goldenen Hammer, mit dem der Heilige Vater im Heiligen Jahr die goldene Pforte, einen sonst zugemauerten Nebeneingang, mit einem symbolischen Schlag öffnet. Das ist im wahrsten Sinne etwas Handfestes. Wenn ich mich recht erinnere, ist das zu meinen Lebzeiten schon einmal geschehen. Ich gehe davon aus, dass nach dem Hinscheiden des jetzigen Papstes Pius[4] seine weiße Reiseschreibmaschine und sein Rasierapparat ebenfalls hier ausgestellt werden.

In den Sälen, in denen die steinernen Büsten der antiken Götter, Halbgötter, Politiker und Athleten aufgestellt sind, erfährt unsere Aufmerksamkeit von Saal zu Saal eine zunehmende Ablenkung. Ein nettes junges Mädchen, das zeitgleich mit uns das Museum betreten haben muss, ist uns auf den Fersen. Da es auf dem von Pfeilen angezeigten Weg bleibt, ist das nicht weiter verwunderlich. Wir machen die Probe, weichen vom Pfad ab und verstecken uns in einem anderen Raum. Unsere Verfolgerin hat uns aus den Augen verloren, sucht systematisch alle umliegenden Räume ab und findet uns wieder. Dieses Versteckspiel wiederholen wir mehrmals zwischen den Statuen des Apoll und Merkur, um die Laokoon-Gruppe herum, hinter dem Rücken der schlafenden Ariadne zur Aphrodite, von Hercules zu Ganymed, von Penelope zum Diskuswerfer. Wir stehen vor dem Standbild des Augustus[5], das ich schon aus meinem Lateinbuch kenne. Der Kaiser trägt Pony und eine Rüstung, die nicht mal übers Knie reicht. Ans nackte Bein klammert sich ein Knirps, der Ähnlichkeit mit dem Männecken Piss[6] aufweist. Die junge Frau anzusprechen, fehlt uns drei Feiglingen der Mut.

Einige Päpste waren der Fleischeslust abhold und haben dafür gesorgt, dass an sämtlichen Statuen männlichen Geschlechts

---

[4] Pius XII. (Eugenio Maria Giuseppe Giovanni Pacelli) (1876 bis 1956): war ab 1939 der 260. Papst.

[5] Augustus von Primaporta: Panzerstatue des ersten römischen Kaisers Augustus (63 v. u. Z. bis 14 n. u. Z.), benannt nach ihrem Fundort in Prima Porta.

[6] Manneken Pis: Bronzestatur, deren Original 1619 von dem Brabanter Bildhauer Jérôme Duquesnoy l'Ancien (um 1570 bis 1641) geschaffen wurde und in die in Brüssel steht.

nachträglich ein Feigenblatt vor deren „Scham" angebracht worden ist. Ich stelle mir die Frage, ob dieses steinerne Feigenblatt, das ja deutlich dicker als ein natürliches Feigenblatt ist, vor das Gemächt platziert worden ist oder ob das Geschlechtsteil weggemeißelt worden ist und das Feigenblatt an seine Stelle getreten ist, was aus Sicht des beauftragten Bildhauers zweifellos handwerklich die bessere Lösung gewesen wäre. Bezüglich des Feigenblattes stellt sich mir noch eine zweite Frage. Warum wird das Problem der Befestigung des Feigenblattes nicht einmal andeutungsweise thematisiert? Schon der schwächste Windhauch würde ein unbefestigtes Blatt davontragen. Diese Frage beantworte ich mir selbst: Man muss daran glauben, dass das Blatt ohne jede Befestigung am Körper haften kann.

Nach dieser kurzweiligen Besichtigung der Antikensammlung betreten wir ehrfurchtsvoll die Sixtinische Kapelle, in der Michelangelo sein Jüngstes Gericht an die Decke gemalt hat. Einige dieser Szenen, die die biblische Geschichte bis zur Sündflut beschreiben, sind so derb ausgeführt, dass ich sie nicht hier, sondern eher in einer Fuhrmannskneipe erwartet hätte. Buonarroti hat das Deckengemälde ab 1508 gemalt, also in der Zeit des tiefsten sittlichen Verfalls des Papsttums. Seinem Auftraggeber Julius II.[7], einem sehr kriegerischen Herren, konnten die Szenen möglicherweise gar nicht derb genug sein. Und sein Nachfolger Leo X.[8] wird auch keinen Anstoß genommen haben, weil er mit Religion eh nicht viel am Hut hatte.

Als Michelangelo 1532 mit der Arbeit am Altarbild begann, hatten sich die Zeiten erheblich geändert. Jetzt herrschten die Päpste der Gegenreformation. Martin Luther sei Dank. Das in Blau und Gold gehaltene „Weltgericht" spricht eine gänzlich andere Sprache. Um das riesige, die ganze Seitenwand einnehmende Gemälde in Gänze betrachten zu können, verbleiben wir im hinteren Teil der Kapelle. Einem glücklichen Zufall verdanken wir

---

[7] Julius II. (geboren als Giuliano della Rovere) (1443 bis 1513): römischer Papst ab 1503. Er begründete die Leibwache des Papstes, die Schweizergarde, und ordnete den Bau des Petersdoms an.

[8] Leo X. (geboren als Giovanni de' Medici) (1475 bis 1521): römischer Papst ab 1513.

es, einem Fremdenführer zugeschlagen zu werden, der in mäßigem Englisch einer amerikanischen Reisegruppe die Bedeutung der einzelnen Szenen erklärt. Ich muss gestehen, dass von dem, was er erzählt, ich nicht viel behalten habe, weil die Teenager mich abgelenkt haben. Der Anblick der jungen Gesichter hat in mir mehr Wohlgefallen ausgelöst, als die Visagen der alten Heiligen je hätten erreichen können. Nur eine interessante Bemerkung des Führers hat sich in meine Gehirnwindungen fest eingebrannt: Michelangelo hat den Bösewichtern der biblischen Geschichte die Gesichter seiner persönlichen Feinde gegeben. So ist die Visage des damals für die Finanzen verantwortlichen Kardinals auf die Nachwelt überkommen.

Wir schließen uns den Amerikanerinnen an, besuchen gemeinsam die Gemäldesammlung und werfen einen Blick in die 1932 eröffnete Pinakothek[9], in der u.a. die auf Holz gemalten Heiligenbilder aus der Zeit ab dem 11. Jahrhundert gesammelt worden sind.

Damit ist der Rundgang durch den dem Publikum zugänglichen Teil des Vatikans beendet. Unsere eifrigen Postkartenschreiber kaufen im Postamt noch einige Briefmarken. Ich gehöre nicht dazu. Dann schreiten wir auf der Wendeltreppe, auf der wir heute Vormittag in diese wunderliche Welt eingetreten sind, hinab in die Wirklichkeit.

Die Amerikanerinnen fahren in einem Autobus fort. Die andere junge Dame, wo ist sie hin? Auf der Treppe haben wir sie eben noch gesehen. Weit kann sie noch nicht gekommen sein. Wir wollen unbedingt Kontakt mit ihr aufnehmen. Wo ist Dieter? Wir können hier jetzt nicht weggehen. Wir müssen auf ihn warten. Und das kann lange dauern. Er sitzt auf dem Topf. So haben wir die junge Frau endgültig aus den Augen verloren.

---

[9] Vatikanische Pinakothek (*Pinacoteca Vaticana*): Sammlung von Gemälden aus dem 11. bis 19. Jahrhundert mit insbesondere christlichen Motiven, eröffnet im Jahre 1932.

Rom 21.VIII.1953

Heute steht die Besichtigung des Petersdoms auf dem Programm. Wir Braunschweiger haben eine besondere Beziehung zu dieser Kirche. Schon in der Schule ist uns die Geschichte vom Ablassprediger Tetzel[1] erzählt worden, der offiziell vom Papst beauftragt worden war, in Deutschland die Aktion Ablasshandel durchzuführen. Wer dem Dominikanermönch seine Sünden beichtete, dem wurde gegen Zahlung eines angemessenen Geldbetrages Ablass gewährt und damit der Eintritt seiner Seele in den Himmel garantiert. Die Regelung galt auch für Sünden, die man erst später noch begehen würde. Das Geschäftsmodell lief ertragreich, aus den Einnahmen wurde der Bau des Petersdoms finanziert. Martin Luther[2] war über dieses seiner Meinung nach kriminelle Treiben so erbost, dass er 1517 seine 95 Thesen an die Tür der Schlosskirche in Wittenberg anschlug. Dass sich daraus der Dreißigjährige Krieg entwickelte, sei nur nebenbei bemerkt. Ich muss die angerissene Geschichte noch zu Ende erzählen. Einer Fama zufolge gelang es einem aus dem Herzogtum Braunschweig stammenden pfiffigen Kerlchen, den Johann Tetzel zu überlisten, indem er dem Mönch erzählte, er beabsichtige, demnächst jemanden zu überfallen und zu berauben. Der habgierige Ordensbruder sah nur das Geld, kassierte einen ansehnlichen Betrag und erteilte die Absolution. Am nächsten Tag führte der Pfiffikus seinen angekündigten Überfall im Elm, einem südöstlich der Stadt Braunschweig gelegenen kleinen Höhenzug, aus. Der Überfallene war besagter Ablassprediger Tetzel. Am Tatort steht zur Erinnerung an diesen trickreich eingefädelten Raub noch heute der Tetzelstein[3].

[1] Johann/es Tetzel (um 1460/65 bis 1519): deutscher Dominikaner und Ablassprediger, der 1516 zum Subkommissar beim Ablasshandel für den Bau der Peterskirche in Rom ernannt wurde.

[2] Martin Luther (1483 bis 1546): deutscher Augustinermönch und Professor für Theologie, der zum Urheber der Reformation zu Beginn des 16. Jahrhunderts wurde, als er seine 95 Thesen gegen den Ablasshandel formulierte.

[3] Der Tetzelstein weist einen oben eingemeißelten Stern auf, und unter ihm soll nach einer Sage von 1518 ein Ablassprediger liegen, der auf seiner Reise von einem Edelmann, der vorher Ablass auf einen noch auszuführenden Mord von demselbigen gekauft hatte, umgebracht und beraubt wurde. – Die Anwesenheit des Ablasspredigers Tetzels in der Elm-Region ist historisch nicht belegt.

Dieser Ablasshandel war nicht die einzige unseriöse Quelle, aus der die für die Finanzierung des Bauvorhabens benötigten Mittel sprudelten. Die Spanier schafften nach der Entdeckung Amerikas Unmengen Gold nach Europa, und von diesem Diebesgut floss ein beträchtlicher Teil in die Finanzierung des Petersdoms. An diesem Gold klebte das Blut der Indios.

Bei der Begehung des Doms finden wir natürlich keinerlei Hinweise auf diese schmutzigen Geschäfte.

Zuerst einige Daten zum Gebäude: Ursprünglich stand auf diesem Gelände, wo vermutlich der Apostel Petrus begaben wurde, eine von Konstantin dem Großen um 324 errichtete fünfschiffige Vorgängerin. Die sollte gut 1000 Jahre später erweitert werden. Die Bausubstanz erwies sich aber dafür als zu schlecht, sodass der Entschluss gefasst wurde, eine neue, größere Kirche zu bauen.

Die Grundsteinlegung erfolgte 1506. Der erste Baumeister war Donato Bramante[4]. Unter seinen Nachfolgern wurden seine ursprünglichen Pläne immer wieder geändert. Der wichtigste von ihnen war Michelangelo Buonarroti, der u.a. die Hauptkuppel entworfen hat, die größte jemals auf Erden gebaute freitragende Kuppel. Die horizontalen Schubkräfte werden von aus Eisenketten bestehenden Ringankern aufgenommen. Die Dimensionierung soll erstmals nicht empirisch, sondern durch eine statische Berechnung erfolgt sein.

Der Letzte in dieser Reihe genialer Baumeister war Giovanni Lorenzo Bernini[5], der auf dem Platz vor dem Dom die umlaufenden Kolonnaden geschaffen hat.

So viel zur Baugeschichte. Wir betreten jetzt das Innere des riesigen Gebäudes, und unser Blick fällt zuerst auf den Überbau des Altars, das Ciborium. Dieser 29 Meter hohe bronzene Baldachin ist unter der Leitung des schon erwähnten Bernini entstanden.

Auf mich wirken diese Ausmaße nicht beeindruckend, überwältigend, sondern maßlos.

---

[4] Donato Bramante (eigentlich Donato di Pascuccio d'Antonio) (1444 bis 1514): italienischer Architekt und Maler der Hochrenaissance.
[5] Gian Lorenzo Bernini (1598 bis 1680): italienischer Bildhauer.

Hier alle Objekte aufzuführen, denen wir auf unserem Rundgang ansichtig werden, würde den Umfang des Tagebuchs sprengen. Ich beschränke mich auf die Wiedergabe einiger Kommentare.

Zu meiner Überraschung entdecke ich in einer der zahlreichen Nischen ein Standbild Karls des Großen.[6] Der hat sich zwar in Rom zum Kaiser des Heiligen Römischen Reiches deutscher Nation krönen lassen. Das geschah aber schon anno 800 und auch nicht in dieser Kirche, sondern in dem später abgerissenen vorherigen Bau. Was also hat die Kurie bewogen, dieser weltlichen Statue einen Platz unter Hunderten von Heiligen einzuräumen?

Mir fällt an der Bronzestatue des Apostels Petrus am rechten Fuß eine deutliche Abtragung des Materials auf. Hier haben Abermillionen Gläubige den Fuß mit ihren Händen und Lippen berührt, gestreichelt, gerieben, um sich Segen, Trost oder was sonst auch immer zu wünschen. An wen und über welches Medium wird ihr Bitten und Flehen weitergeleitet? Da ist nichts. Wann wird den Gläubigen klar, dass sich alles nur in ihrem Kopf abspielt?

In der südlichen Kapelle im östlichen Seitenschiff befindet sich die von Michelangelo aus dem Stein gemeißelte Pieta. Die Mutter Jesu hält ihren verstorbenen Sohn in ihren Armen. Das ist ohne jeden Zweifel ein Meisterwerk der Bildhauerkunst. Konzept und Ausführung sind hervorragend gelungen. – Nur nimmt der Künstler keine Rücksicht auf die physiologischen Bedingungen – was er als Künstler auch nicht muss. Diese an den Körper der Mutter angeschmiegte Haltung kann er nur annehmen, wenn die Römer ihr ihren Sohn unmittelbar nach seinem Tod übergeben. Wenn sie ihn länger am Kreuz hängen lassen, tritt die Todesstarre ein. Der Leichnam würde dann steif wie ein Brett in ihren Armen liegen.

Damit soll es der kritischen Bemerkungen eines Ungläubigen genug sein.

Wir schicken uns an, der Kirche aufs Dach zu steigen. Zuerst betreten wir die vor der Kuppel zum Petersplatz hin über der

---

[6] Reiterstandbild Kaiser Karls des Großen (1725): Werk des italienischen Bildhauers Agostino Cornacchini (1686 bis 1754), aufgestellt im Narthex (Vorhalle) des Petersdoms.

dritten Etage liegende große Fläche, an deren Rand dreizehn überlebensgroße Steinfiguren stehen. Die zentral aufgestellte Statue soll Jesus darstellen. Links und rechts von ihm stehen seine Jünger und Heilige.

Von hier aus genießen wir den Blick auf den Petersplatz und die von Giovanni Bernini von 1657 bis 1667 dort errichteten Kolonnaden, die trotz der schweren Säulen dem Ensemble eine überzeugende Schwerelosigkeit verleihen.

Dann steigen wir weiter nach oben auf einer an der Innenseite der Kuppel angebrachten steinernen Treppe, die uns bis zur Spitze führt. Hier sind wir den Deckengemälden ganz nahe.

Rom 22.VIII.1953

Am letzten Tag unseres Romaufenthalts besuchen wir das *Forum Romanum*, die Engelsburg, eine der mehr als fünf Dutzend existierenden Katakomben und erholen uns von den Strapazen unserer Besichtigungstour am Ufer des Tibers.

Von den Gebäuden des Forums, dem „Marktplatz" und Mittelpunkt des politischen, wirtschaftlichen, kulturellen und religiösen Lebens, sind nur noch einige Säulen erhalten geblieben. Einsam stehen zwei Triumphbögen inmitten des Trümmerfeldes. Sie triumphieren sozusagen über den Verfall.

Es braucht schon ein gutes Vorstellungsvermögen, um in diesen Ruinen das prächtige Zentrum eines Weltreiches zu sehen.

Deutlich besser ist der Erhaltungszustand der Engelsburg. Das zylindrische Gebäude war als Mausoleum für den Kaiser Hadrian[1] errichtet worden. In den in der Mitte des Gebäudes befindlichen Grabkammern wurden in der Folgezeit zahlreiche weitere Kaiser beigesetzt.

Als die Aurelianische Stadtmauer um 400 verstärkt wurde, wurde das Mausoleum integriert und diente lange Zeit als Zitadelle.

Im 10. Jahrhundert gelangte das Gebäude in den Besitz der Kirche. In unruhigen Zeiten suchten hier die Päpste Schutz hinter den dicken Mauern. Damit sie den Zufluchtsort sicher erreichen konnten, wurde zwischen dem apostolischen Palast und dem jetzt Engelsburg geheißenen Bauwerk 1277 ein 800 Meter langer unterirdischer Gang gegraben.

Wie der Fremdenführer uns berichtete, mussten die Päpste immer mal wieder hier Schutz suchen. Weil der Aufenthalt hinter den Festungsmauern ziemlich ungemütlich war, richteten sie sich einen gemütlichen Wohnsitz ein. Im 15. Jahrhundert entstanden so die prächtigen Gemächer, die heutzuge auch alle Ungläubigen betreten dürfen.

---

[1] Kaiser Hadrian (Publius Aelius Hadrianus, Imperator Caesar Traianus Hadrianus Augustus) (76 bis 138): römischer Kaiser von 117 bis 138.

In der Katakombe, was das Mausoleum des kleinen Mannes ist, liegt der Einrichtungsstandard deutlich unter dem Niveau der in der Engelsburg beigesetzten Heiligen Väter. Wir laufen durch endlose kahle, schmucklose, aufgeräumte Gänge. Ich frage einen der Wärter, wo all die Gebeine geblieben sind. In den Himmel aufgefahren sind sie sicher nicht. Entweder versteht er mich nicht, oder er weiß es nicht. Ich habe mal gelesen, dass die Knochen der auf den Schlachtfeldern zahlloser Kriege gefallenen Soldaten zermahlen und als Dünger in den ewigen Kreislauf der Elemente zurückgeführt worden sind. Die christlichen Priester beschreiben am Grabe eines Verstorbenen diesen Kreislauf mit der Formel „Erde zu Erde", was im übertragenen Sinn durchaus zutrifft, aber nicht besonders pietätvoll ist, weil er damit sagt, hier sei der „letzte Dreck" beerdigt worden.

Irgendwie passt das zusammen. Ich verabschiede mich von Rom und mache mir Gedanken über den Abschied vom Leben.

Foto 18:   Teilansicht des *Forum Romanum* mit dem Septimius-Severus-
            Bogen in Rom

Foto 19:   Die Engelsburg in Rom

Foto 20:   Die Tiberbrücke *Ponte Fabricio* in Rom

Foto 21:   Das Stadttor *Porta San Sebastiano* in Rom

112

Die Fahrt zum Golf von Neapel
23.VIII.1953

Als wir Rom verlassen, vergisst Eberhard absichtlich den zum Bersten mit Steinen gefüllten Schuhkarton, Dieters Mineraliensammlung, mitzunehmen, die im Verlauf der Reise in gleichem Maße gewachsen ist, wie unser Wurstdosenbestand geschwunden ist. Die Entsorgung hat sein müssen, aber hätte vielleicht auf eine andere Art erfolgen sollen.

Heute geht es weiter in Richtung Neapel. Wir suchen einen Zeltplatz nicht in der Stadt oder in Stadtnähe, sondern etwas weiter südlich am Ufer des Golfes von Neapel.

Die Lufttemperatur erreicht im August ihre Höchstwerte. Im Auto steigt sie auf geschätzte 40 Grad. Genau wissen wir es nicht, weil wir kein Thermometer an Bord haben. Eine Klimaanlage hat der VW-Käfer nicht. Wir fahren mit geöffnetem Schiebedach. Die Situation im Innenraum ist unerträglich, und entsprechend gerädert erreichen wir um die Mittagszeit den Zeltplatz.

Hier angekommen, total erschöpft, strecken wir erst einmal alle Viere von uns. Es braucht seine Zeit, bis wir uns von dieser strapaziösen Fahrt erholt haben.

Nachdem die Lebensgeister sich wieder eingestellt haben und das Zelt aufgebaut ist, mache ich mich an die Zubereitung des Menüs. Eine Woche habe ich die Paprikaschoten mitgeschleppt. Keiner wollte in den letzten Tagen davon essen. Jetzt plötzlich hat Eberhard Appetit darauf. Ich muss ihn enttäuschen. Als ich die Tüte öffne, blicke ich auf ein paar völlig verschimmelte Schoten, die ich schleunigst entsorge.

Keiner von uns verspürt jetzt Lust auf irgendwelche größeren Unternehmungen. Wir wechseln den Aufenthaltsort zwischen Zeltplatz und Meer. Mehr Aktivitäten sind nicht drin.

Neapel, Ischia 24.VIII.1953

Heute lassen wir es langsam angehen. Am Vormittag wollen wir Neapel besuchen, nach Rom und Mailand die drittgrößte Stadt Italiens. Sie hat eine wechselvolle Geschichte hinter sich, war Republik und Königreich, aber beherrscht wurde sie immer von fremden Mächten, in jüngerer Zeit auch von der organisierten Kriminalität.

Umgeben von fruchtbaren Böden, verwöhnt von einem angenehmen Klima, zog sie schon die Römer in ihren Bann und hat ihre Strahlkraft bis heute nicht verloren.

Wir besuchen das *Museo Archeologico Nazionale*[1]. Hier erwarten uns die Werke hochkarätiger Künstler wie Michelangelo, Raffael, Tizian, El Greco[2] und vieler anderer mehr. Bilder des Malers El Grecos hatte ich vor zwei Jahren beim Besuch des Prado in Madrid schon etliche gesehen, und die gefielen mir gar nicht.

Ich hatte gelesen, dass einer der regierenden Könige, Franz I., in seinem Palast zu der Zeit, als die Ausgrabungen in Pompeji begannen, alle dort gefundenen erotischen Darstellungen gesammelt hat. Diese Sammlung blieb in der damaligen prüden Epoche selbstverständlich unter Verschluss. Ich hätte zu gerne erfahren, ob diese circa 2000 Jahre alten Schätze jetzt zugänglich sind. Das Vergnügen, sie in Augenschein zu nehmen, hätte ich mir gerne gegönnt. In der Kürze der mir zur Verfügung stehenden Zeit gelang es mir leider nicht, die Sache aufzuklären.[3]

Wir fahren zum Zeltplatz zurück, nehmen einen kleinen Imbiss ein und machen uns dann auf den Weg zur Insel Ischia.

Sie ist die größte der im Golf von Neapel liegenden phlegräischen Inseln, die allesamt vulkanischen Ursprungs sind. Wir erreichen

---

[1] *Museo Archeologico Nazionale*: Das Museum beinhaltete damals noch die Farnesische Sammlung u.a., die ab 1957 in dem neu gegründeten *Museo di Capodimonte* untergebracht ist.

[2] El Greco (eigentlich Domínikos Theotokópoulos) (1541 bis 1614): Maler griechischer Herkunft, der zunächst in Italien und schließlich in Spanien lebte und arbeitete.

[3] Die Sammlung, die stets nur eingeschränkt oder gar nicht zugänglich war, ist erst seit dem Jahr 2000 öffentlich zugänglich.

sie bequem ab Neapel mit einer Fähre. Die letzte Eruption ereig-
nete sich 1302. Das ist schon lange her, und wir haben keine Be-
fürchtungen, dass uns ein Ascheregen empfangen würde. Gleich
uns überfallen die Touristen das Eiland in Scharen. Es sind mehrere Millionen im Jahr. Die meisten sind wie auch in Venedig
Tagestouristen, die zur Plage werden, weil sie kaum Geld in die
Kassen spülen. Die wenigsten bleiben für längere Zeit, um beispielsweise die zahlreich vorhandenen Thermalbäder zu nutzen.
Wir belassen es bei einer Besichtigung der Burg Aragonese, wo
wir etwas aus der bewegten Geschichte der Insel erfahren. Von
den dort aufgeführten prominenten Besuchern ist mir nur der
britische Admiral Nelson[4] namentlich bekannt, weil ich in zwei
im väterlichen Bücherschrank eingeordneten Bänden[5] etwas
über ihn und seine Geliebte gelesen hatte.

---

[4] Horatio Nelson, 1. Viscount Nelson, Herzog von Bronte (1758 bis 1805): britischer Vizeadmiral der Royal Navy. Die Frau des britischen Botschafters in
Neapel Emma, Lady Hamilton (1765 bis 1815) wurde 1798 seine Geliebte.
[5] Heinrich Vollrat Schumacher: *Liebe und Leben der Lady Hamilton*, Berlin
1910 und *Lord Nelsons letzte Liebe*, Berlin 1911.

Pompeji, Vesuv 25.VIII.1953

Schon als Jugendlicher hatte ich in dem in der väterlichen Bibliothek entdeckten Buch Edward Bulwer/Oskar Höcker: *Die letzten
Tage von Pompeji*[1] geschmökert und viel über die Stadt Pompeji
und den Ausbruch des Vesuvs erfahren. In diesem Buch habe ich
zum ersten Mal Fotos von den Gipsabdrücken der umgekomme-
nen Bewohner gesehen.

Die ältesten Funde Pompejis werden auf das Ende des 7. und die
erste Hälfte des 6. Jh. v.u.Z. datiert, 80 v.u.Z. wird der Ort unter
dem Namen Cornelia Veneria Pompejianorum römische Kolo-
nie. Bereits 62 war das Gebiet um den Vesuv durch ein starkes
Erdbeben erschüttert worden, und die Stadt befand sich noch in
den Wiederaufbauarbeiten, als die Eruption des Vesus im Jahre
79 sie unter Asche und Lava begrub.

Nicht nur Pompeji, sondern auch die Ortschaften Herculane-
um, Stabiae und Oplontis sind damals verschüttet worden. Der
Ausbruch erfolgte nicht plötzlich, sondern hatte sich mehrere
Tage vorher angekündigt. Nur ein Teil der Bewohner, beunru-
higt durch das Rumoren des Berges, brachte sich rechtzeitig in
Sicherheit. Die in den vier Ortschaften verbleibenden Bewohner
erlagen zumeist umherfliegendem Geröll, giftigen Gasen und
der Hitze, bevor sie unter einer viele Meter dicken Ascheschicht
begraben wurden. Auf diese Ascheschicht ergoss sich in einer
Folgeeruption ein pyroklastischer Lavastrom, der das gesamte
Gebiet hermetisch versiegelt hat. Diese Tragödie, die viele Men-
schenleben kostete, hat sich für die Archäologen als ein Glücks-
fall erwiesen. Noch nie haben sie an einem Ausgrabungsort gearbeitet, an dem selbst kleinste Details so gut erhalten sind.

Die Wiederentdeckung von Pompeji erfolgte im 16. Jahrhundert.
Die ersten wissenschaftlich geführten Ausgrabungen begannen
Mitte des 18. Jahrhunderts. Im Jahre 1763 fand man einen Stein

---

[1] Edward Bulwer-Lytton (1803 bis 1873) (Edward George Earle Lytton Bul-
wer-Lytton, 1. Baron Lytton PC, geborene als Bulwer): britischer Autor und
Politiker. Insbesondere bekannt für seinen 1834 erschienenen Roman *The Last
Days of Pompeii*.

mit der Inschrift „*rei publicae Pompeianorum*", der belegte, dass es sich um Pompeji handelt. Die neapolitanischen Könige beanspruchten die gefundenen Objekte für sich und behielten sich das Publikationsrecht vor. Besuchern war es untersagt, die Ruinen zu zeichnen. Johann Winckelmann[2] setzte sich über diese Bestimmungen hinweg. Seine Veröffentlichungen deckten nicht nur die zerstörerische Arbeitsweise bei den Ausgrabungen auf, sondern bewirkten Änderungen hin zu wissenschaftlicher Ausgrabungsarbeit.

Auch in Johann Wolfgang von Goethe erweckten die Winkelmann'schen Arbeiten das Interesse für die Archäologie. Er beschreibt in seiner „Italienreise" seine Eindrücke über seinen Besuch in Pompeji wie folgt: *Sonntag waren wir in Pompeji. – Es ist viel Unheil in der Welt geschehen, aber wenig, das den Nachkommen so viel Freude gemacht hätte. Ich weiß nicht leicht etwas Interessanteres.*[3]

Als wir 1953 hierherkommen, sind die Grabungsarbeiten nicht abgeschlossen. Ein großer Teil der Stadt ist noch immer vom schützenden Vulkangestein bedeckt.[4]

Der Himmel ist heute bedeckt, was dafür sorgt, dass die Temperatur erträglich ist. Die ausgegrabenen Relikte liegen in ein trostloses Grau eingehüllt vor unseren Augen.

Besucher sind an diesem trüben Tag kaum unterwegs. Leider gibt es auch keinen Reiseführer, der etwas erklären könnte. Ich vermisse den kompetenten Fremdenführer, der uns durch die Museen des Vatikans geführt hat. Wir fühlen uns allein gelassen und müssen, auf uns gestellt, die antike Stadt entdecken.

Hellauf begeistert bin ich von dem deutlich erkennbaren fußgängerfreundlichen Konstruktionsprinzip des Straßenaufbaus. Die Fußwege liegen bereits, wie wir das heute kennen, auf einem

---

[2] Johann Joachim Winkelmann (1717 bis 1768): deutscher Archäologe und Bibliothekar. Er gilt als einer der Begründer der wissenschaftlichen Archäologie.

[3] Johann Wolfgang Goethe: *Italienische Reise* (Erstausgabe 1786): Tagebucheintrag unter Neapel, den 13. März 1787.

[4] Es sind heutzutage von dem archäologisch relevanten Gebiet von Pompeji mit etwa 66 Hektar ungefähr 45 Hektar freigelegt worden, wovon wiederum nur 14 Prozent für die Öffentlichkeit zugänglich sind.

höheren Niveau als die Fahrbahn. Um auch das sichere und trockene Überqueren der Straße zu ermöglichen, sind auf der Straße quer zur Fahrtrichtung an einigen Stellen Steine auf gleicher Höhe wie der Fußweg verlegt worden. Das setzt allerdings die Normung der Straßenbreiten, der Radabstände von Karren und Wagen voraus. Julius Caesar hat in seiner *lex lulia municipalis* reichseinheitlich diese für den Straßenbau geltenden Regeln festgelegt. Der Mann ist ein Tausendsassa gewesen, der nicht nur ein Weltreich und Kriege erfolgreich geführt hat, sondern sich auch um den Kalender und um Normungen gekümmert hat.

Wir wenden uns nun den wenigen Zeugnissen einer großartigen Vergangenheit zu, die die Zeitläufe überdauert haben. An keiner der Wände der Hausruinen ist der Originalwandschmuck zu sehen. Wir haben viele der Mosaiken und Fresken bei unserem Besuch im Nationalmuseum in Neapel gesehen. Den uns nachfolgenden Generationen von Besuchern würde ich wünschen, dass sie dereinst an Ort und Stelle Repliken bewundern können, weil die Objekte in ihrer ursprünglichen Umgebung viel besser zur Wirkung kämen als in der sterilen Atmosphäre des Museums.

Enttäuschend ist, dass auch kaum Abgüsse von Statuen, die herzustellen weniger aufwendig wäre, aufgestellt worden sind. Möglichst viele angefertigte Kopien dieser steinernen und erzenen Zeugen einer blühenden griechisch-römischen Kulturepoche an ihrem ursprünglichen Standort würden die Attraktivität des Ortes deutlich erhöhen.

Ich kann nur die Kopie eines kleinen Fauns entdecken. Dieser tanzende Satyr steht in einem Atrium auf einem 3000 m² großen Anwesen in Pompeji, dessen Besitzer ein sehr wohlhabender Herr gewesen ist.

Wir wenden uns dem Forum zu. Auf dessen Nordseite befinden sich links und rechts von den Resten des Kapitols die beiden gut erhaltenen Triumphbögen. Im Hintergrund lässt sich die Silhouette des circa 7,5 km entfernt liegenden Vesuvs erahnen. Vom Tribunal der Basilika auf der Südwestecke des Forums sind größere Gebäudeteile erhalten geblieben. Die letzten Grabungen haben hier 1950 stattgefunden, also noch kurz vor unserem Be-

such. Auf der Südseite sollen sich mehrere Gebäude der Stadt-
verwaltung befunden haben. Die einzigen erhaltenen Teile der
zweistöckigen Säulenreihe stehen auf der Westseite des Platzes.
Ebenso auf der Westseite stand der Apollotempel. An der Nor-
dostecke befand sich das Marcellum. Auf der Ostseite haben
mutmaßlich Geschäfts- und Privathäuser gestanden.

Als Nächstes nehmen wir uns die Besteigung des heute noch
1281 Meter hohen Vesuvs vor. Auf dem Weg dorthin kommen
wir an kleinen Solfataren vorbei und atmen die schwefelhalti-
gen Dämpfe ein, die ihnen entweichen. Das ist eine lehrreiche
Demonstration des Szenarios, das am Vorabend des Vesuvaus-
bruchs geherrscht haben muss. Derselbe Gestank, nur sehr viel
konzentrierter.

Wir starten nicht am Fuß des Berges, sondern fahren mit dem
Auto bis zu einem höher gelegenen Parkplatz, von wo aus der
Anstieg auf einem Trampelpfad zu Fuß fortgesetzt wird. Wir
schaffen es bis zum schmalen, aus losen Steinen bestehenden Kraterrand. Vor uns tut sich ein riesiger Krater mit einem
Durchmesser von 4 km auf, dessen Innenwand steil abfällt. Auf
dem Kraterrand spazieren gehen zu wollen ist wahrscheinlich
lebensgefährlich.

Den Abstieg bewältige ich abseits des Trampelpfades auf dem
von Menschenfüßen unberührten Abhang. Der Untergrund besteht nicht aus einer festen Oberfläche, sondern aus einer Masse
von kleinen Lavakügelchen, in die ich einsinke. Leicht nach hinten zurückgelehnt rase ich in einem irren Tempo hinab. Dieses
Erlebnis ist zweifellos der zweite Höhepunkt des Tages.

Foto 22:   Statue des tanzenden Fauns in Pompeji

Foto 23:   Typische Straße in Pompeji und im Hintergrund der
                Vesuv

Foto 24:   Forum mit Resten des zweistöckigen Säulengangs in
             Pompeji

Foto 25:   Solfatare in Vesuvnähe

Monte Cassino, Überquerung des Apennins in östlicher Richtung 26.VIII.1953

Unser heutiges Ziel ist die Adria. Wir durchqueren in nordöstlicher Richtung den Apennin. Ziemlich am Anfang unternehmen wir einen Abstecher zu dem um 529 gegründeten Kloster Monte Cassino, das im 2. Weltkrieg heftig umkämpft und mitsamt der am Fuß des Berges liegenden Ortschaft am 15.02.1944 von den Alliierten zerstört worden ist. Wir sind neugierig, wie weit der Wiederaufbau gediehen ist. Zu unserer Überraschung sehen wir, dass die nach 1945 begonnenen Arbeiten gut vorankommen und im nächsten Jahr wahrscheinlich abgeschlossen werden können.

Am Nachmittag erreichen wir bei Pescara das Meer und fahren auf der Küstenstraße noch ein Stück in nordwestlicher Richtung weiter, bis wir ein geeignetes Plätzchen für die Übernachtung finden.

Den Abend beschließen wir mit einem ausgiebigen Bad im adriatischen Meer.

Entlang der Adria, Überquerung des Apennins in westlicher Richtung
27.VIII.1953

In den nächsten Morgen starten wir mit einem letzten erfrischenden Bad. Wir lassen es langsam angehen und genießen den letzten Tag an der Adria. Die Weiterreise auf der nordwestlich verlaufenden Küstenstraße endet kurz hinter Ancona. Hier müssen wir die Richtung ändern. Quer durch den Apennin geht es weiter in westlicher Richtung. Kurz vor Arezzo können wir ein Wiedersehen mit dem Tiber feiern, dessen Quelle sich unweit der Stadt im Gebirge befindet.

Wir verbringen die meiste Zeit des Tages im Auto, das wir nur für kurze Pausen verlassen, in denen wir uns die Füße vertreten und einen Imbiss einnehmen.

Am späten Nachmittag nähern wir uns Florenz, der Hauptstadt der Toskana. Wir suchen in Ruhe einen Zeltplatz und nehmen uns an den beiden folgenden Tagen Zeit für die Besichtigung ihrer Kunstschätze und Bauwerke.

Florenz 28.VIII.1953

Das römische Westreich löste sich während der Völkerwanderung auf, und Italien gelangte unter die Herrschaft germanischer Stämme. Florenz wurde zweimal, das erste Mal 404, das zweite Mal 542, von den Ostgoten belagert, schließlich von den Ostgoten besetzt.

Im Jahre 800 wurde Karl der Große[1] in Rom zum Kaiser des später so genannten Heiligen Römischen Reiches deutscher Nation gekrönt. Im Jahr 786 hatte der Frankenkönig Florenz zum ersten Mal besucht. Er stattete die Stadt mit zahlreichen Privilegien und Freiheiten aus und verhalf ihr zu einer neuen Blüte. Seitdem unterstand Florenz mehr als dreihundert Jahre ihm und den ihm nachfolgenden deutschen Kaisern, bis die Bürger der Stadt 1115 eine selbstständige, von einem Rat regierte Republik gründeten, dessen Mitglieder von den Gilden und Zünften gewählt wurden.

Die Bürger von Florenz haben diese Vergünstigungen und die nachfolgenden friedlichen Jahrhunderte für den Aufbau ihrer eigenen Handelsunternehmungen und eines wohlhabenden Gemeinwesens erfolgreich zu nutzen gewusst. Sie verdienten gutes Geld mit dem Weben und Färben von Woll- und Seidenstoffen sowie im Bankensektor. Auf dieser gesicherten finanziellen Basis konnte sich ein Mäzenatentum entwickeln, das die Stadt in der Renaissance zu einer Hochburg der Künste gemacht hat.

Künstler wie Sandro Botticelli[2], Leonardo da Vinci und Michelangelo und Dichter wie Dante Alighieri[3] und Giovanni Boccaccio[4] wurden von ihnen gefördert.

Es scheint ein sehr selbstbewusstes und eigenwilliges, aber weniger tolerantes, empathisches Völkchen gewesen zu sein.

---

[1] Karl der Große (747/748 bis 814): 768 bis 814 König des Fränkischen Reichs, 800 Krönung zum Kaiser.
[2] Sandro Botticelli (1445 bis 1510): italienischer Maler der Frührenaissance.
[3] Dante Alighieri (1265 bis 1321): italienischer Dichter und Philosoph, Verfasser der *Göttlichen Komödie* (fertiggestellt 1321), eines der größten Werke der Weltliteratur.
[4] Giovanni Boccaccio (1313 bis 1375): italienischer Schriftsteller, er verfasste die Novellensammlung *Il Decamerone* (*Das Dekameron*).

Über ihren berühmtesten Sohn, den 1265 in Florenz geborenen Dichter Dante Alighieri, von dessen Hauptwerk, der *Göttlichen Komödie*, sich gleich zwei Exemplare in der väterlichen Bibliothek befinden, verhängten sie 1302 den Bann. Er irrte die letzten Jahre seines Lebens heimatlos umher und verstarb 1321 in Ravenna im Exil.

Noch schlimmer erging es dem Dominikanermönch Girolamo Savonarola[5]. Weil er gegen den Sittenverfall der katholischen Kirchenoberen protestiert hatte und die Orientierung an den Idealen der Antike anprangerte, wurde er zuerst gefoltert, dann gehängt, letztlich auf der *Piazza della Signorina* verbrannt.

Ab 1434 stand der Patrizier Cosimo Medici[6] dem Rat der Stadt vor, der in kürzester Zeit die Stadt zu einer wirtschaftlichen und kulturellen Blüte führte. Bereits 1494 wurde die Familie zum ersten Mal aus der Stadt vertrieben.

1512, mit der Rückkehr der Medicis, verlor der Politiker und Kanzler des Republikanischen Rates, Niccolò Machiavelli,[7] alle seine Ämter. Er war der Verfasser vieler Bücher, die sich mit der Kunst des Regierens befassten, über die heute noch diskutiert wird. Er lebte bis zu seinem Tode verbannt auf seinem Landgut außerhalb der Stadt.

1527 wurden die Ungeliebten erneut aus der Stadt gejagt. Doch 1569 inthronisierte der aus dem Clan der Familie Medici stammende Papst Pius V. seinen Verwandten Cosimo Medici[8] als „Großherzog der Toskana". Die Republik Florenz verlor ihre Selbstständigkeit und wurde eingemeindet. Die Medici herrschten von nun an über das Herzogtum und damit über Florenz noch bis 1737.

---

[5] Girolamo Savonarola (1452 bis 1498): italienischer Dominikaner und Kritiker der Kirche.

[6] Cosimo de' Medici (1389 bis 1464): Bankier und Staatsmann, der auch als Mäzen wirkte.

[7] Niccolò Machiavelli (1469 bis 1527): italienischer Philosoph, Diplomat und Dichter. 1513 schrieb er sein Buch *Il Principe* (dt. *Der Fürst*).

[8] Cosimo I. de' Medici (1519 bis 1574): ab 1537 Herzog von Florenz und ab 1569 Großherzog der Toskana.

Während ich noch in Gedanken bei den Medicis bin, drängen meine Kumpane zum Aufbruch.

Wir beginnen unsere Stadtbesichtigung am *Palazzo vecchio*, an dessen Frontseite die den Platz beherrschende Statue des David[9] steht, die von dem genialen Bildhauer Michelangelo geschaffen worden ist. Tief beeindruckt sind wir von der formvollendeten Schönheit. Ich habe in der Enzyklopädie von Pierer von 1875/79[10] gelesen, die Statuen der Stadt seien sentimental und hässlich. Nun frage ich mich, ob der David auch dazugehört, oder ob ich an der Qualifikation des Verfassers dieses Textes zweifeln sollte.

Ich suche nach dem Grund, der die Stadtväter bewogen haben könnte, gerade David als Symbolfigur auszuwählen. Die Möglichkeiten für eine Objektwahl sind in diesen Zeiten aufgrund der Einflussnahme der katholischen Kirche auf das gesamte öffentliche Leben sehr begrenzt.

Ein Erklärungsversuch ist der erfolgreiche Aufstand der Wollweber im Jahre 1378, in dem diese den Patriziern mehr Rechte abgerungen hatten. Die Wahl könnte auf David gefallen sein, da dieser in hervorragender Weise den erfolgreichen Kampf des keinen Mannes gegen einen mächtigen Gegner symbolisiert. Ein zweiter areligiöser Erklärungsversuch ist die von Vasari[11] überlieferte Deutung, Michelangelos Statue soll die Überlegenheit der Stadt über ihre Feinde symbolisieren.

Das Stadtbild wird neben den zahlreichen Kirchen insbesondere von den von wohlhabenden Kaufleuten errichteten Palästen geprägt.

Wir müssen eine Entscheidung treffen und beginnen mit der Besichtigung der Uffizien[12]. Dieser Gebäudekomplex ist in den Jahren 1560 bis 1580 gebaut worden und diente ursprünglich als

---

[9] David von Michelangelo: Die aus einem Marmorblock gehauene Monumentalstatue von Michelangelo (1475 bis 1564), entstanden zwischen 1501 und 1504, gilt als die bekannteste der Kunstgeschichte.

[10] *Pierers Universal-Conversations-Lexikon*, 1875-1879.

[11] Giorgio Vasari (1511 bis 1574): italienischer Baumeister und Maler, bekannt als Künstlerbiograf.

[12] Uffizien (*Galleria degli Uffizi*): Kunstmuseum in Florenz, mit einer weltweit herausragenden Gemäldekunstsammlung ab dem 13. Jahrhundert bis ins 20. Jahrhundert.

Bürogebäude für Ministerien und andere Ämter. Heute befindet sich hier u.a. die Bibliothek, die nach Pierers Enzyklopädie 200.000 Bände umfassen soll, an denen wir, ehrlich gesagt, kein Interesse zeigen.

Für die in den oberen Etagen untergebrachte Kunstsammlung interessieren wir uns schon. Es soll die größte der Welt sein. Hier finden wir die Gemälde der klassischen italienischen Meister wie die *Geburt der Venus* von Botticelli, Bilder von Tizian[13], Tintoretto[14], Veronese[15], Raffael[16], Michelangelo und Leonardo da Vinci[17], den *Bacchus* von Caravaggio[18], aber auch holländische und deutsche Meister. Ich genieße diese Ausstellung als Kontrastprogramm zu dem Besuch im Museum des Vatikans.

Nicht alle diese Künstler sind ihr Leben lang in Florenz geblieben. Michelangelo ist schon früh nach Rom gegangen und dort 1564 gestorben. Da Vinci ist nach Frankreich gezogen, hat lange auf Schloss Amboise gearbeitet und ist 1519 in der Nähe gestorben.

Es ist der erste zweier anstrengender Tage, in denen wir so viel wie möglich von dem Gesehenen in unseren Gehirnen abspeichern. Zwischendurch genehmigen wir uns selbstverständlich immer mal wieder längere Pausen.

---

[13] Tizian (eigentlich Tiziano Vecellio) (um 1488/1490 bis 1576): italienischer Maler der Hochrenaissance.

[14] Jacopo Robusti (genannt Jacopo Tintoretto) (um 1518/1519 bis 1594): italienischer Maler.

[15] Paolo Veronese (1528 bis1588): italienischer Maler der Spätrenaissance.

[16] Raffael (Raffaello Sanzio da Urbino) (1483 bis 1520): italienischer Maler und Baumeister der Hochrenaissance.

[17] Leonardo da Vinci (1452 bis 1519): italienischer Maler, Bildhauer, Architekt, Erfinder und Naturforscher. Berühmter Universalgelehrter.

[18] Michelangelo Merisi (genannt Caravaggio) (1571 bis 1610): italienischer Maler des Frühbarocks.

Florenz 29.VIII.1953

Laut Stadtplan besitzt die Stadt 17 öffentliche Plätze. Wir haben nicht den Ehrgeiz, sie alle zu besichtigen, beschränken uns auf den Besuch des größten, der *Piazza de la Signorina*, und einiger Plätze im näheren Umkreis. Mir fällt ins Auge: Sie alle verfügen über etwas Gemeinsames: Sie verschmelzen mit den dort aufgestellten, aus Marmor gehauenen Statuen zu einem Gesamtkunstwerk. Das gilt auch für die anderen italienischen Städte. Beliebt ist die Romulus und Remus säugende Wölfin. An Standbildern von Kaisern und Feldherrn ist kein Mangel. Hier ist über die Jahrhunderte hinweg im öffentlichen Raum in Kunst investiert worden. Ich muss an meine Heimatstadt denken. Der Vergleich drängt sich auf. Auf dem Kohlmarkt, auf dem Hagenmarkt befinden sich nützliche Brunnen, keine Statuen. Eine der Ausnahmen ist der *Braunschweiger Löwe*[1]. Herzog Heinrich hatte auf seinen Italienfeldzügen die Stadtbilder bereichernden Statuen gesehen. Nachdem er 1156 den Namen Heinrich der Löwe erhalten hatte, gab er den Bronzeguss des Burglöwen in Auftrag, der um 1166 auf dem Burgplatz aufgestellt wurde. Hier wird mir bewusst, wie sehr sich die deutsche von der italienischen Lebensweise unterscheidet.

Als Nächstes stehen die Kirchen auf unserem Besichtigungsprogramm. Wir beginnen mit dem Dom, der Kathedrale *Santa Maria del Fiore*, mit deren Bau 1294 begonnen worden ist. Es ist unglaublich, mit welcher Gelassenheit damals generationsübergreifend geplant und gebaut worden ist. Wenn kein Geld da war, ruhte der Bau, manchmal über Jahrhunderte. Von 1421 bis 1436 erbaut Brunelleschi die Kuppel, und dann dauert es noch fast weitere vierzig Jahre, bis der Hausbau 1474 vollendet ist. Das Ergebnis ist ein freundlicher, heller Innenraum von beeindruckender Größe.

Anlass für mich, die *Basilika Santa Croce* aufzusuchen, sind die zahlreichen Grabmäler bekannter Persönlichkeiten, die sich in-

---

[1] Braunschweiger Löwe: Bronzestatue eines Löwen aus der zweiten Hälfte des 12. Jahrhunderts.

nerhalb der Mauern dieser größten Kirche des Franziskanerordens befinden. Auf keinem Friedhof kann man so vieler Geistesgrößen im Rundumschlag gedenken. Ich möchte nur vier Namen nennen: Galilei, Machiavelli, Michelangelo und Rossini. Von Galileo Galilei hätte ich als angehender Naturwissenschaftler zu gerne gewusst, welche Gefühle ihn bewegt haben, als die bornierten Kirchenoberen ihn gezwungen haben, sein Forschungsergebnis, dass die Erde um die Sonne kreist, als falsch zu widerrufen. War es Wut, Verzweiflung, Enttäuschung? Oder ist er in der Gewissheit gestorben, dass die Wahrheit sich am Ende immer durchsetzt?

Ein weiterer Haltepunkt des Rundgangs ist die Taufkapelle, das *Battisterio*. Mich interessiert weniger das prächtige Taufbecken. Es sind vielmehr die drei Bronzetüren mit ihrem figuralen Reichtum, die hier für jedermann verständlich Geschichten erzählen. Die Malerei und die Bildhauerei dominieren den Kunstmarkt. Die Schmiedekunst führt ein Schattendasein. Ich schätze dieses Handwerk sehr und fürchte, ihm droht das baldige Aus.

Der absolute Höhepunkt der Tour ist für mich *il Campanile*, ein schlanker Glockenturm mit quadratischem Querschnitt, in dessen Spitze das Geläut hängt. Ein Zweckbau also, der zum Kunstwerk geworden ist mit seinen bunten Marmorfußböden und seiner äußeren Schale, die mit schwarzem und weißem Marmor verkleidet worden ist, liebevoll angeordnet in einem anmutigen Muster.

Die Zeit in Florenz neigt sich dem Ende entgegen. Wir verabschieden uns von der Stadt mit einem wehmütigen Blick auf den Arno und dem Besuch der „alten Brücke", der *Ponte Vecchio*, auf der seit alters her Händler in Schmuckläden ihre Preziosen feilhalten. Ich hätte gerne als Andenken oder Geschenk irgendwelche Kleinigkeiten gekauft, aber: Was ich mir leisten kann, gefällt mir nicht. Was mir gefällt, kann ich mir nicht leisten.

Foto 27:   *Palazzo Vecchio* in Florenz

Foto 26:   Ansicht von Florenz

Foto 28:   Die Kirche *Santa Croce* in Florenz

Foto 29:   Die alte Brücke *Ponte Vecchio* in Florenz

Monaco 30.VIII.1953

Am frühen Morgen brechen wir in Richtung französische Grenze auf, überqueren sie um die Mittagszeit und machen dann dem
kleinen Fürstentum Monaco unsere Aufwartung. Als Erstes besuchen wir den Hafen, dann die Stadt.

Danach warten wir vor dem fürstlichen Palast auf die Zeremonie
der Wachablösung des vor dem Haupteingang stehenden weiß
gekleideten Soldaten der Ehrenwache, die aber nicht just zu dem
Zeitpunkt erfolgt, als wir vor dem Portal stehen.

Als Höhepunkt absolvieren wir am späten Nachmittag eine
Stippvisite im Spielcasino. Wir steigen die Stufen zu dem impo-
santen Gebäude hinauf und betreten den Vorraum. Um diese
Tageszeit wird die Kleidervorschrift vermutlich noch nicht so
streng gehandhabt wie am Abend. Immerhin lässt man Rolf,
Dieter und mich in den großen Saal hinein. Eberhard darf nur
die Räume betreten, in denen die einarmigen Banditen stehen.
Er trägt eine kurze Hose.

Wir gehen sofort an einen der Tische. Stehend beobachten wir
das Verhalten der vor uns sitzenden anderen Spieler eine Zeit
lang bei ihrem verbissenen Spiel. Es ist interessant, diese Leute
zu beobachten. Irgendwann setzt jeder von uns seinen Jeton. Er
wird nach dem Spiel vom Croupier eingezogen.

Es geht uns nicht ums Gewinnen. Wir haben den kleinsten Jeton, den es gibt, gekauft. Es geht uns um das Einfangen der Atmosphäre und der Geräusche an den Roulette-Tischen. Über
dem ganzen Saal liegt eine gedämpfte Stille. Zu hören ist nach
der leisen Aufforderung der Croupiers an die Spieler: *„Faites vos
jeux"* und *„Rien ne va plus"* nur noch das Geräusch der rollenden
Kugel. Die Nervosität der Spieler, ihre Anspannung sind lautlo-
se Zustände. Die Spieler jubeln nicht über einen Gewinn und
klagen nicht über einen Verlust Alles ist eingebettet in Watte.
Auf ihren Gesichtern sind keine Reaktionen wie Leidenschaft,
Freude oder Verzweiflung abzulesen. Ich möchte die im Saal
lastende Atmosphäre als morbid bezeichnen. Mein Respekt gilt
den Croupiers, die nie den Überblick über die eingesetzten Je-

tons verlieren. Sobald die Kugel nicht mehr rollt, schieben sie den Glücklichen mit ihren langarmigen Rechen die gewonnenen Jetons über die Tischplatte hinüber und ziehen die Jetons der Verlierer in umgekehrter Richtung zu sich herüber.

Ich werde nie verstehen, was in den Gehirnen der Spielsüchtigen abläuft. Es gibt kein System, das dem Spieler sichere Gewinnchancen garantiert. Die Wahrscheinlichkeitsrechnung liefert exakte Zahlen. Setzt der Spieler auf *Pair* oder *Impair, Rouge* oder *Noir*, beträgt die Wahrscheinlichkeit genau ½, was im Gewinnfall die Verdoppelung des Einsatzes bedeuten würde. À la longue ist das ein Nullsummenspiel. Setzt der Spieler auf eine der 36 Zahlen, die sowohl auf dem Spieltisch, als auch in den in der rotierenden Roulette-Scheibe befindlichen Vertiefungen stehen, beträgt die Wahrscheinlichkeit für das Eintreffen dieses Ereignisses 1/36. Der Gewinn würde das 36-fache des Einsatzes betragen. Aber: Die Kugel fällt im Laufe eines Tages durchschnittlich 2-mal in die Vertiefung mit der von ihm gesetzten Zahl. Um dieses Ereignis nicht zu verpassen, dürfte er den Saal nie verlassen, was er physisch kaum leisten könnte.

Dass wir unsere Jetons bereits beim ersten Einsatz verlieren, erschüttert uns überhaupt nicht. Wir nehmen das als Beweis, dass die Mathematik immer recht hat.

Der Vollständigkeit halber sei noch eine andere Konstruktion erwähnt, die die Gewinnchancen der Spieler weiter einschränkt. Auf der Roulette-Scheibe befindet sich eine 37ste Vertiefung, das Zéro. Rollt die Kugel da hinein, kassiert der Croupier sämtliche auf dem Tisch eingesetzten Jetons mit seinem Rechen ein. Dieses Ereignis stellt sich circa zweimal täglich ein. – Eine Bank gewinnt immer. Das weiß auch der griechische Reeder Aristoteles Onassis[1], der sich kurz vor unserer Anreise finanziell an der Spielbank-Gesellschaft beteiligt hat.

Eigentlich überflüssig zu erwähnen, dass wir drei die Räume, in denen die einarmigen Banditen stehen, nicht betreten haben.

---

[1] Aristoteles „Ari" Sokrates Homer Onassis (1906 bis 1975): griechisch-argentinischer Reeder, der ab 1953 die Aktienmehrheit der *Société des bains de mer*, wozu auch das Casino gehörte, besaß.

Monaco, Fahrt nach Bordeaux
31.VIII.1953

Am Vormittag nehmen wir uns Zeit für einen Besuch des 1889 vom Fürsten Albert I.[1] gegründeten Ozeanografischen Museums.

Der älteste Träger des Familiennamens FISCHER, den ich in unserer Familienchronik finden konnte, war ein um 1650 geborener Bruno aus Arholtzen. Welcher seiner Vorfahren einmal den namensgebenden Beruf eines Fischers ausgeübt hat, lässt sich nicht mehr eruieren. Dieser Bruno Fischer heiratete 1693 eine Anna Susanne Hotopf und bewirtschaftete in Deensen einen Bauernhof. Weder in dieser noch in allen anderen Linien meines Stammbaums hat es jemals einen Vorfahren gegeben, der den Beruf eines Fischers ausgeübt hat. Ich bin also erblich nicht vorbelastet.

Die in den riesigen Aquarien stumm herumschwimmenden zahlreichen aus den verschiedensten Ozeanen stammenden Fische nehmen keinen Blickkontakt mit uns auf. Ich fühle mich in dieser Welt nicht zu Hause. Ehrlich gesagt, gefällt es mir im Affenhaus oder unter den kreischenden, bunten Vögeln des Tropenwaldes besser.

Wir brechen zu einer langen, quer durch Südfrankreich führenden Reise auf.

Bei Nizza verlassen wir die französische Riviera und fahren auf gut ausgebauten Landstraßen bis nach Bordeaux. Das ist nicht der direkte Weg in die Heimat, sondern ein riesiger Umweg, den wir nur Eberhard zuliebe erdulden müssen.

---

[1] Albert I. von Monaco (eigentlich Albert Honoré Charles Grimaldi) (1848 bis 1921): regierte ab 1889 als Fürst von Monaco.

Bordeaux 01.IX.1953

Eberhards Vater war als Soldat in den 1940er-Jahren in Bordeaux stationiert und hatte dort einen Winzer kennengelernt, mit dem er sich angefreundet hatte. Das war damals nicht ungefährlich. Die Kollaboration mit dem Feind wurde nicht gern gesehen. Wie es zu dieser frühen deutsch-französischen Zusammenarbeit gekommen ist, hat uns Eberhard nicht erzählt. Vielleicht wusste er es auch nicht.

Für Eberhards Vater war es eine Herzensangelegenheit, diesen Kontakt wiederzubeleben. Wir fahren dorthin, damit Eberhard dem Mann die väterlichen Grüße ausrichten und eine kleine Aufmerksamkeit persönlich übergeben kann.

Wir machen am Vormittag unsere Aufwartungen. Der Monsieur führt uns durch seine ausgedehnten Weinkeller. Hier lagern zahlreiche große Weinfässer aus Eichenholz, in denen die verschiedenen Jahrgänge heranreifen. Über allem hängt ein spezieller Geruch, der bei dem Gärungsprozess entsteht.

Anschließend genießen wir gemeinsam ein köstliches Mittagessen, und am Nachmittag schließt sich eine Weinprobe an. Uns sind sicher edle Tropfen kredenzt worden. Unser Problem ist gewesen, dass wir Biertrinker sind und diese Kostproben nicht zu schätzen gewusst haben.

Foto 30:   Der Hafen von Monaco

Foto 31:   Das Eingangsportal des fürstlichen Palastes in Monaco

Foto 32:   Nachmittagscocktail in Bordeaux, Eberhard, unser fran-
             zösischer Gastgeber, der Autor

Rückreise durch Frankreich und die Schweiz 02.IX.1953

Eberhard mutet uns eine weitere Extratour zu. Er will unbedingt noch den Ort ansteuern, in dem er seinen letzten Urlaub verbracht hat. Auf geht's nach Österreich.

Wahrscheinlich möchte er ein Mädel treffen, das er im vergangenen Jahr dort kennengelernt hat und das er unbedingt wiedersehen will. Das alles ist von ihm von langer Hand vorbereitet. Wir fügen uns nolens volens dem Herrn am *volant*.

Leider zieht sich die Rückreise quer durch Frankreich in die Länge. Am späten Nachmittag wird uns klar, dass wir unser Ziel frühestens gegen Mitternacht erreichen werden. Da erweisen sich unsere Schweizer Einreisevisa als eine glückliche Fügung. Sie sind gültig zur mehrmaligen Einreise bis zum 30. Juni 1954. Also beschließen wir, die Rückreise bis zum Einbruch der Dunkelheit durch die Schweiz fortzusetzen. Wir fahren von Genf über Zürich bis nach Lindau am Bodensee, wo wir das Zelt zum letzten Mal aufbauen.

Österreich 03.IX.1953

Als wir im Dorf ankommen, wird Eberhard bereits sehnlich erwartet. Ein junges Mädchen, in Tracht gekleidet, begrüßt uns. In einem Gasthaus sind für uns Zimmer vorbestellt. Die letzte Nacht werden wir zum ersten Mal nach mehr als drei Wochen nicht im engen Zelt, sondern in breiten Gasthausbetten schlafen. Wir verbringen zu fünft wandernd und kraxelnd einen wunderschönen Tag in den Alpen. Es ist ein gelungener Ausklang unserer Italienreise.

Zur Nacht speisen wir üppig in einer benachbarten Gastwirtschaft und sprechen dem Wein mehr zu, als wir vertragen können. Als wir wieder an die frische Luft treten, entfaltet der Alkohol seine Fahnen. So geschieht es, dass drei von uns auf dem Weg zurück zu unserer Schlafstatt immer wieder den Vornamen von Eberhards Freundin laut grölend in die finstere Nacht hinausschmettern. Ihm ist das sehr peinlich.

Ob sein Mädel unser nächtliches Treiben mitbekommen hat, haben wir nie erfahren.

Foto 33:   Wanderung in den österreichischen Alpen

Foto 34:   Eberhard, seine Freundin und der Autor

Die Heimfahrt 04.IX.1953

Heute treten wir die Heimfahrt nach Deutschland an. Der VW-Käfer hat uns, abgesehen von dem Seilzugriss, nicht im Stich gelassen. Mein erstes mit selbst verdientem Geld gekauftes Auto wird ein VW-Käfer sein.

Nach anfänglichen zwischenmenschlichen Problemen haben wir einen modus vivendi gefunden, und das Unternehmen Italienreise hat einen erfolgreichen Verlauf genommen. Mein besonderer Dank gilt Eberhard, der uns als aufmerksamer Wagenlenker und geschickter Moderator auch in stürmischen Situationen sicher manövriert hat.

Ich werde diese Nacht in Braunschweig verbringen und morgen die Reise nach Hamburg fortsetzen.

ANHANG
Die römischen Kaiser

Nur wenige römische Kaiser starben eines natürlichen Todes.
Caligula, Nero, Domitian, Comodus, Didius Julianus, Caracalla,
der seinerseits seinen Bruder und Mitregenten Geta hatte ermor-
den lassen, Elagabal, Severus Alexander, Pupienus und Balbinus,
Trebonianus Gallus, Aemilianus, Aurelian, Florianus, Probus,
Carinus, Severus, Constans und Phokas wurden ermordet. Otho
und Valentinian II. begingen Selbstmord. Maximian wurde zum
Selbstmord gezwungen. Vitellius wurde zu Tode gefoldert, Per-
tinax, Gallienus, Postumus, Gratian und Valentinian III. wurden erschlagen, Licinius, Majorian, Anthemius und Maurikios
wurden hingerichtet, und wenn sie nicht auf dem Schlachtfeld
umkamen, ereilte sie selten ein natürlicher Tod wie Vespanian.

Augustus (geb. als Gaius Ottavio)	27 v. u. Z. -14 n. u. Z.
Tiberius	14-37
Caligula	37-41
Claudius	41-54
Nero	54-68
Galba	68-69
Otho	69
Vitellus	69
Vespanian	69-79
Titus	79-81
Domitian	81-96
Nerva	96-98
Trajan	98-117
Hadrian	117-138
Antonius Pius	138-161
Marc Aurel	161-180
Verus	161-169 (Mitkaiser)
Commodus	180-192

Pertinax	193
Didius Iulianus	193
Septimus Severus	193-211
Caracalla	212-217
Macrinus	217-218
Elagabal	218-222
Severus Alexander	222-235
Maximinus Thrax	235-238
Pupienus	238
Balbinus	238
Gordian III.	238-244
Philippus Arabs	244-249
Decius	249-251
Trebonianus Gallus	251-253
Aemilianus	253
Valerian	253-260
Gallienus	(253-260), 260-268
Postumus	260-269
Claudius Gothicus	268-270
Marius	269
Victorinus	269-271
Quintillus	270
Aurelian	270-275
Tetricus I.	271-274
Tacitus	275-276
Florianus	276
Probus	276-282
Carus	282
Carinus	283-285
Diokletian	284-305
Maximian	286-305, (307-308, 310)
Constantius I.	305-306
Galerius	305-311
Severus	306-307

Konstantin I.	306-337
Licinius	308-324
Maximinus Daia	310-313
Konstantin II.	337-340
Constans	337-350
Constantius II.	337-361
Julian	360-363
Jovian	363-364
Valentinian I.	364-375
Valens	364-378
Gratian	375-383
Valentinian II.	375-392
Theodosius I.	379-395
Arcadius	395-408
Honorius	395-423
Theodosius II.	408-450
Valentinian III.	425-455
Markian	450-457
Leo I.	457-474
Majorian	457-461
Anthemius	467-472
Leo II.	474
Iulius Nepos	474-480
Zeno	474-491
Anastasius I.	491-518
Justin I.	518-527
Justinian I.	527-565
Justin II.	565-578
Tiberios I. (II.)	578-582
Maurikios	582-602
Phokas	602-610
Herakleios	610-641

Die Päpste zur Zeit des Dombaus von 1505 bis 1667

Diese tabellarische Auflistung von 22 Päpsten ist insofern interessant, als sich daraus ableiten lässt, dass die durchschnittliche Amtszeit der Päpste nur 7,4 Jahre betrug. Jeder Papst hat bei seinem Amtsantritt Änderungswünsche an den Bauplänen vorgebracht. Es hat nur wenige Perioden gegeben, in denen die Baumeister längerfristig ihre Planungen realisieren konnten. Bei jedem Wechsel auf dem Stuhl Petri drohten kleinere oder auch große Planänderungen. Für die Baumeister ist das ein stressiger Job gewesen. Es grenzt an ein Wunder, dass der Dom trotz dieser Widrigkeiten nach circa 160 Jahren fertiggestellt werden konnte.

216.	Julius II.	1503–1513
217.	Leo X.	1513–1521
218.	Hadrian VI.	1521–1523
219.	Clemens VII.	1523–1534
220.	Paul III.	1534–1549
221.	Julius III.	1550–1555
222.	Marcellus II.	1555
223.	Paul IV.	1555–1559
224.	Pius IV.	1559–1565
225.	Pius V.	1566–1572
226.	Gregor XIII.	1572–1585
227.	Sixtus V.	1585–1590
228.	Urban VII.	1590
229.	Gregor XIV.	1590–1591
230.	Innozenz IX.	1591
231.	Clemens VIII.	1592–1605
232.	Leo XI.	1605
233.	Paul V.	1605–1621
234.	Gregor XV.	1621–1623
235.	Urban VIII.	1623–1644
236.	Innozenz X.	1644–1655
237.	Alexander VII.	1655–1667

Fotos

Impressum

Fotos: © G. Fischer

Texte: © G. Fischer, MONS Verlag, N. Fischer

MONS Verlag

https://monsverlag.de

Gestaltung und Satz: N. Fischer

Umschlaggestaltung: MONS Verlag, N. Fischer unter Verwendung dreier Fotos des Tagebuches *Italienreise* und des Fotoalbums *Italienreise* von G. Fischer

Lektorat: N. Fischer, C. Nettersheim

Gedruckt in Deutschland

Weitere Literatur im MONS Verlag

Literatur von Günter Fischer

Günter Fischer: *Das Alphabet der Tiere*, Illustrationen von Klaus Päkel

978-3-946368-05-2

Das Alphabet der Tiere enthält 28 Geschichten für Kinder und Erwachsene über verschiedene Tierarten von A bis Z, die liebevoll illustriert sind. Der Autor berichtet manch Wissenswertes von unseren irdischen Mitbewohnern, insbesondere auch von den vom Aussterben bedrohten Tierarten. Mit dem Stabreim wählt der Autor eine ein wenig in Vergessenheit geratene Versform, mit der er zeigen kann, wie groß der Wortschatz der deutschen Sprache ist. Es gibt unglaublich viele mit demselben Buchstaben beginnende Worte, mit denen sich ganze Geschichten erzählen lassen.

Günter Fischer: *Das Alphabet des Pfiffikus*, Illustrationen

978-3-946368-10-6

Das Alphabet des Pfiffikus enthält 54 Geschichten von A bis Z und folgt dem beliebten Titel *Das Alphabet der Tiere* des Autors Günter Fischer.

In diesem Buch greift er aus allen Lebensbereichen stammende, doppeldeutige Begriffe auf. Jeweils zwei von ihnen stellt er gegenüber und beschreibt sie mit kurzweiligen, lustigen oder nachdenklich stimmenden Texten.

Günter Fischer: *Trennungssch(m)erz*

978-3-946368-04-5

„Erinnern Sie sich? Schon als Kind haben Sie Bekanntschaft mit dieser Operationsmethode gemacht. Ein Schnitt mit dem Skalpell an der richtigen Stelle, und schon sind aus der Blumentopferde wilde Blumento-Pferde geworden, die in einem fernen Land der Phantasie über die Prärie galoppieren." Diese Sammlung beinhaltet allerlei Wort-Trennungen, die jeweils in eine kurze Geschichte eingesponnen sind.

Reiseliteratur

Natalie Fischer: *Saint-Tropez. Kaleidoskop der Region* | *Kaléidoscope de la région*
978-3-946368-14-4

Dieses zweisprachige Buch über Saint-Tropez und die Region enthält informative Beiträge, eindrucksvolle Fotos, Gemäldereproduktionen, Rezepte und belletristische Lektüre.

Der Bildband gibt Einblick in das Kulturgut und das gelebte Brauchtum, er beschreibt aus dem Leben und dem Wirken der Dichter, Denker, Kunstmaler, Filmschaffenden und Schauspieler, wie Colette, Guy de Maupassant, Françoise Sagan, Simone de Beauvoir, Henri Matisse, Paul Signac und Brigitte Bardot. Er berichtet zudem von den Einwohnern, die ihren Beruf noch in traditioneller Art ausüben, wie die Fischer, Olivenanbauer und Viehzüchter.

Lohnenswerte Ausflüge runden das Ganze ab.

Das außerordentliche Buch ist eine Liebeserklärung an Saint-Tropez, die Region und ihre Bewohner.

Cet ouvrage bilingue sur Saint-Tropez et la région réunit des textes documentés, des photos évocatrices, des reproductions d'œuvres d'Art, des recettes culinaires et des extraits littéraires.

Ce beau-livre donne un aperçu du patrimoine culturel et des coutumes toujours maintenues ; il évoque la vie et l'œuvre de femmes et d'hommes de Lettres, des peintres et artistes de cinéma tels que Colette, Guy de Maupassant, Françoise Sagan, Simone de Beauvoir, Henri Matisse, Paul Signac et Brigitte Bardot. C'est aussi un témoignage sur les gens du cru qui exercent encore leur métier dans la tradition, comme les pêcheurs, les oléiculteurs, les éleveurs et bien d'autres.

Des escapades enrichissantes parachèvent l'ouvrage.

Ce livre remarquable est une déclaration d'amour à Saint-Tropez, à la région et à ses habitants.

Einladung zur Reise | *Invitation au voyage*
Charles Baudelaire

Guy de Maupassant: *Sur l'eau* (französische Originalausgabe 1888)

978-3-946368-11-3

« Ce journal ne contient aucune histoire et aucune aventure intéressante. Ayant fait, au printemps dernier, une petite croisière sur les côtes de la Méditerranée, je me suis amusé à écrire chaque jour ce que j'ai vu et ce que j'ai pensé. En somme, j'ai vu de l'eau, du soleil, des nuages et des roches – je ne puis raconter autre chose – et j'ai pensé simplement, comme on pense quand le flot vous berce, vous engourdit et vous promène.» Guy de Maupassant.

Bernhard Kellermann: *Ein Spaziergang in Japan*, Illustrationen von Karl Walser

978-3-946368-22-9

„Es gibt Reisende, die noch warm vom Zug in Museen und Tempel stürzen, wie Fieberkranke mit Büchern in der Hand aus einer Türe heraus- und in die andere hineinrennen — zu diesen gehöre ich nicht. Das Erste, was ich in einer neuen Stadt tue, ist, dass ich sie regelrecht in Besitz nehme. Ich beginne mit dem Pflaster sozusagen, besuche eine kleine Kneipe, sitze wie ein Einheimischer auf einem Brückengeländer und betrachte neugierig die vorbeihastenden Fremden, gehe ein paar Schritte und besuche wieder eine kleine Kneipe. ..."

Bernhard Kellermann: *Sassa yo yassa – Japanische Tänze*, Illustrationen von Karl Walser

978-3-946368-21-2

Bernhard Kellermann verzaubert den Leser, indem er ihn teilhaben lässt an seinen vielen Nächten, die er Anfang des 20. Jahrhunderts im japanischen Teehaus zubringt. Er ist Zeuge der Zeremonie der Bewirtung und der jahrhundertealten Tänze wie dem Urashima mai, Tanz des Fischerknaben, und dem Onis-mai, Teufelstanz, die ihm die »lieblichen« Tänzerinnen vorführen. Mit dieser Aufzeichnung der traditionellen japanischen Tänze schuf Kellermann ein kostbares Kleinod.